MANUEL PIMENTEL

La venganza del campo

QUINTA EDICIÓN

ALMUZARA

© Manuel Pimentel, 2023
© Editorial Almuzara, s. l., 2023

Primera edición: octubre de 2023
Primera reimpresión: noviembre de 2023
Segunda reimpresión: noviembre de 2023
Tercera reimpresión: diciembre de 2023
Cuarta reimpresión: enero de 2024

Editorial Almuzara • Colección Ensayo
Director editorial: Antonio Cuesta
Edición al cuidado de Alfonso Orti

www.editorialalmuzara.com
pedidos@almuzaralibros.com - info@almuzaralibros.com

Editorial Almuzara
Parque Logístico de Córdoba. Ctra. Palma del Río, km 4
C/ 8, Nave L2, n.º 3. 14005, Córdoba

Imprime: Gráficas La Paz
ISBN: 978-84-11319-37-9
Depósito legal: CO-1599-2023
Hecho e impreso en España - *Made and printed in Spain*

Índice

Introducción

Comienzo a escribir estas líneas en Córdoba, en el verano de 2023. El estruendo de las chicharras llega matizado por las ventanas cerradas, a la andaluza. Su penumbra cómplice nos protege del calor. En un rato, cuando refresque, daré un paseo por los rastrojos agostados en los que yeguas, vacas y becerros apuran los restos de la siembra de avena una vez segada y empacada. El almiar, ya disminuido, debe garantizar el alimento del ganado hasta que el agua generosa de otoño reviva pastos y temperos. Que las estaciones, desde siempre, con su lento y cierto pasar, marcaron los ritmos de la vida y la agricultura. Clima y mundo rural, en estrecho —aunque no siempre bien avenido— matrimonio.

Este año agrícola ha sido seco. La maldición bíblica de la falta de lluvias vuelve a golpearnos con su estropicio en cosechas, reservas hídricas y ánimos. Crucemos los dedos porque a partir de otoño llueva larga y mansamente, como gusta a la gente del campo. Que veneros y fuentes resurjan, que los arroyos corran, que embalses y pantanos se llenen, que las siembras nazcan sanas y fuertes, que la arboleda fructifique generosamente. Deseos que parecen bíblicos, pero que laten por igual en los agricultores y ganaderos de hoy, profesionales que miran los pronósticos del tiempo en los portales meteorológicos de sus *smartphones* con la misma angustia con la que siglos atrás observaran nubes, hormigas y cabañuelas.

De hecho, esta misma reflexión que hago delante de mi ordenador portátil bien podría haberla realizado un agricultor de hace cien, doscientos, quinientos años. La siega, los rastrojos aprovechados para el ganado durante el estío, el deseo de lluvia... Sólo el almiar, ahora mecanizado, marcaría una diferencia sensible frente a los antiguos, entonces conformados manualmente por los restos de las gavillas tras el paso de la trilla en la era. Todo parece igual... pero, sin embargo, todo ha cambiado. Las técnicas agronómicas han avanzado tremendamente y el sector primario, un sector de vanguardia, ha estado presto en incorporar las nuevas tecnologías para la mejora de sus producciones. Mejoras genéticas, nuevas técnicas de cultivos, optimización de regadíos e incorporación de la digitalización a su cadena de valor, entre otras muchas innovaciones, han incrementado sensiblemente los rendimientos agrarios, que se encuentran comprometidos con los valores irrenunciables y hermosos de sostenibilidad y respeto al medio ambiente. Gracias al esfuerzo innovador de las gentes del campo y de sus científicos, técnicos y profesionales, los agricultores, ganaderos y pescadores pueden dar de comer, con generosidad, abundancia y calidad, a una población mundial que se ha multiplicado por cuatro en el último siglo. Una proeza digna de ser valorada, admirada y alabada.

Pero, desgraciadamente, no ha sido así. La sociedad, lejos de agradecerles su sacrificado esfuerzo, les apunta con su dedo acusador. «¡Culpables!», parecen decirles. Los agricultores, ganaderos y pescadores, españoles y europeos, son despreciados, minusvalorados, cuando no abiertamente insultados, como retrógrados, parásitos, rémoras, enemigos del medio ambiente y maltratadores animales. Los jóvenes huyen del sector, los campos se quedan vacíos. ¿Quién quiere trabajar en el campo después de décadas de precios ruinosos y de cruel desdén colectivo? Hace años, ante esta injusta realidad, comencé a barruntar que el campo terminaría vengándose de quienes lo despreciaban de forma tan necia y cruel. Y que lo haría al modo bíblico de escasez y encarecimiento de los alimentos. Inicié entonces una serie de artículos en los que trataba de explicar —explicarme— cómo se podía haber alcanzado una situación tan peligrosa y desatinada. Y, una y otra vez, llegaba a la misma conclusión: la venganza del campo, tarde o temprano, tendría que llegar. Desgraciadamente, el tiempo dio la razón a aquella intuición primera. La venganza del campo ya está aquí, entre nosotros, amenazando despensas y bolsillos.

Y ahora que los precios de los alimentos suben y la patita de la crisis alimentaria en los países pobres asoma por debajo de la puerta es cuando los responsables de la cosa comienzan a desligarse de su indolente somnolencia. Bienvenidos sean al club de los advertidos. Pero ¿qué es lo primero que han hecho para justificarse? Pues atacar y responsabilizar de la carestía alimentaria a distribuidores y agricultores. Increíble, pero cierto. Siguen sin comprender que los profesionales del sector primario son parte de la solución, que no del problema.

Abrazado por el estridente *criii* de las chicharras del exterior, releo algunas noticias de la prensa digital. Los alimentos suben y suben. Cuando otros indicadores de la cesta de la compra, después de los episodios de alta inflación de 2021 y 2022, comienzan a remitir, el rubro de comida se empeña en mantener su tendencia al alza. Los alimentos han escalado de manera sensible durante los dos últimos años. Las familias lo notan en sus bolsillos, castigados también por la subida de los tipos de interés. Y compruebo, una vez más, cómo los responsables públicos, perplejos ante el hecho inédito de que los precios agrarios no estén por los suelos, arremeten de nuevo contra sus chivos expiatorios preferidos, distribuidores y agricultores, para justificar así sus propios yerros y desvaríos. Porque, como era de esperar, ni las leyes, ni las políticas que llevan años promulgándose, ni los discursos sociológicos dominantes en la sociedad actual tienen responsabilidad alguna. No. Ellos lo hicieron bien, vienen a decirnos. Y, entonces, ¿quién es el responsable de que la comida —buena, bonita, barata— a la que estábamos acostumbrados se encarezca inesperadamente? Pues, con dolor, rabia e indignación, tenemos que soportar su infundado veredicto: los culpables son las cadenas de distribución y los agricultores, ganaderos y pescadores, entes avariciosos que acumulan capital y especulan con la miseria de los demás. Así de simple, así de injusto, así de equivocado, así de peligroso. Pura demagogia que provoca y ceba, sin que sean ni siquiera conscientes de ello, la venganza del campo que nos ocupa.

¿Cómo hemos podido llegar hasta aquí? ¿Cómo ha sido posible que la sociedad desprecie a los que le dan de comer? Pues de eso va este corto ensayo. De tratar de comprender los porqués y los cómos de la situación paradójica y contradictoria en la que vivimos. Por una parte, castigamos a los agricultores, mientras que, por otra, exigimos alimentos abundantes y baratos. ¿Por qué los agricultores, los ganaderos y, por extensión, los pescadores hemos pasado de héroes a villanos? ¿Por qué la sociedad actual no solo no nos valora, sino que, al contrario, nos considera enemigos del medio ambiente, parásitos de la PAC, *señoritos* de otros tiempos? En este opúsculo vamos a tratar de responder a estas preguntas, mucho más profundas de lo que aparentemente pudieran parecer. Han sido necesarias décadas para llegar —y no solo en España, sino en toda Europa— hasta el punto de paradójica perplejidad en el que hoy nos encontramos, con una sociedad que quiere alimentos abundantes, sanos y baratos, pero sin agricultura ni agricultores; carne sin ganadería ni ganaderos; pescado sin pesca ni pescadores. Una sociedad que protesta por el encarecimiento de los alimentos al tiempo que prohíbe los trasvases, persigue a las granjas o cuestiona los regadíos, entre otras muchas limitaciones, restricciones o prohibiciones que el sector primario sufre cada día. Sorprendente, ¿verdad? Pues, desgraciadamente, es la realidad cotidiana en la que vivimos y laboramos.

Es bueno que seamos conscientes de que, al menos en gran parte, esta realidad la hemos construido entre todos. El rechazo a la agricultura, que lleva décadas gestándose, es un fruto de los ideales, valores y políticas de una sociedad eminentemente urbana, conformada por personas en general bienintencionadas que creen hacer lo correcto cuando con sus leyes persiguen a la producción agraria. Por eso, en algunos de los artículos utilizo el plural *nosotros* para comprender las dinámicas que colectivamente nos afectan, las comparta personalmente o no. No se trata, pues, de una historia de buenos ni de malos. Es, simplemente, la historia que es, la que vivimos, la nuestra, la que entre todos construimos. Insistiré en que es nuestra sociedad, la que conformamos entre todos —jaleada, en ocasiones, por discursos interesados—, la que ha ido generando las dinámicas, los ideales y los imaginarios que condicionan y condicionarán a la actividad agraria, trenzando un cesto en el que se mezclan conceptos como los de naturaleza y salud, confrontándolos, que no aunándolos, con las producciones agrícolas y ganaderas.

A lo largo de estos años, los agricultores han protestado con sonadas tractoradas, sin que, a la hora de la verdad, nadie les haya hecho caso. El rosario de normas de todo tipo que dificulta o imposibilita su actividad continúa desplegándose con fatales consecuencias. Agonizan sin que a la sociedad que alimentan parezca importarles lo más mínimo. ¿Cómo, nos repetimos, hemos podido llegar a esta triste, injusta y suicida situación?

Pues, precisamente, estas líneas persiguen comprender la compleja dinámica sociológica, económica, política y cultural que hasta aquí nos condujera. Una dinámica occidental de valores e imaginarios compartidos que ha fluido retroalimentándose de manera independiente al color político de los partidos y Gobiernos. Se trata de algo más profundo que la política partidista, pues en verdad hablamos de la materia esencial que late en el corazón mismo de la sociedad; sociología, inconsciente colectivo, espíritu del siglo, llamémoslo como queramos, pero del que no podemos sustraernos porque formamos parte de él. Por eso, es preciso comprenderlo, antes de tratar de enmendarlo o de plantear soluciones y alternativas. Ese es el objetivo de este ensayo breve que, estructurado por los artículos escritos a lo largo de años y acontecimientos, muestra el camino que hasta aquí hemos recorrido, pensado y vivido.

No escribiré estas palabras con el tono melancólico de que cualquier tiempo pasado fue mejor. No, no lo haré. De hecho, creo firmemente que vivimos en unos de los periodos más apasionantes de toda nuestra historia como especie. Por tanto, quien me acompañe a lo largo de este breve recorrido no encontrará un *quejío* por lo que la agricultura fue y ya no es, sino un relato, apasionado y reflexivo, de las principales dinámicas que han hecho mutar, en gran medida, al mundo rural y a la visión del agricultor por parte de la sociedad en la que nos ha tocado vivir. Creo que aún podemos enmendar la situación y encontrar el justo equilibrio entre producción agraria, garantía alimentaria, nuevas demandas urbanas, sostenibilidad y medio ambiente. El fracaso en este esfuerzo noble tendría como consecuencia cierta la terrible venganza del campo que se adivina y que, al modo bíblico, repetimos, nos castigaría con la escasez de alimentos y su brutal encarecimiento.

Pero, antes de continuar, quizás deba explicar brevemente el porqué de mi interés en esta materia, de extraordinaria importancia aunque ignorada mayoritariamente por nuestra sociedad. Procedo familiarmente del mundo rural y agrícola. Aunque me crie en una gran ciudad, Sevilla, los fines de semana y las vacaciones fueron, en gran medida, para el pueblo y el campo. De hecho, en el campo vivo y agricultor y ganadero ecológico soy. Muchos de mis familiares y amigos son agricultores. Casi todas mis aficiones tienen al campo y a la naturaleza como escenario. Soy ingeniero agrónomo por la Escuela Técnica Superior de Córdoba. Mientras estudiaba trabajé en muchas ocasiones como peón agrícola para ganar algún dinero. Cogí aceitunas de mesa en Sevilla, vendimié en Tierra de Barros (Badajoz), recolecté peras en Inglaterra, trabajé en diversas faenas agrícolas en un kibutz israelí, arranqué monte a mano o pesé corchas en una ancestral cabria en Huelva, entre otras faenas agrarias que me hicieron comprender y respetar aún más a la gente del campo y a su sufrida dignidad. Me inicié en el mundo laboral en una casa de maquinaria agrícola en Valencia y pasé a continuación a la ingeniería agronómica y agroindustrial, en la que estuve años hasta que el destino me condujo hasta la política. No estuve demasiado tiempo en ella, aunque guardo buen recuerdo de vivencias, compañeros y debates, a los que debo cierta perspectiva como observador. La vida me llevó a otro mundo que me apasiona, el del trabajo y el empleo, que también posee sus especificidades en el sector primario. Hoy, como editor y escritor, observo con atención el mundo en el que habito, con sus errores y aciertos, y trato de comprender y anticipar las dinámicas que lo impulsan. Como último apunte, mi afición a la divulgación arqueológica me acercó a las dinámicas históricas que transformaron pueblos, culturas y civilizaciones.

Sobre todo lo anterior, mantengo una viva curiosidad por lo que me rodea y he tratado de explicarme el porqué del desprecio actual hacia la producción agraria. Por eso, desde hace años escribo artículos sobre las dinámicas sociológicas que afectan a la agricultura, artículos que suponen, al recogerse en este libro, las huellas de un camino de décadas que nos ayudará a comprender las situaciones que vivimos. Esa es la razón por la que presento los artículos ordenados de manera cronológica. Los primeros, escritos en 2009; el último, a finales de agosto del 2023. He respetado, prácticamente en su integridad, los textos originales, lo que permite, con la lucidez del momento, el conocer cómo ha evolucionado la percepción de la agricultura, ganadería y pesca a lo largo de estos últimos años. Algunas ideas fuerza se repiten en varios artículos, pero no he querido eliminar estas redundancias para asentar los principios motores de la dinámica a estudio. Pido disculpas por esas reiteraciones, que deben ser entendidas como lo que son, ideas fuerza engarzadas en un rosario de artículos escritos y publicados a lo largo del tiempo.

Quiero agradecer a los medios de comunicación que los publicaron, medios de comunicación que indico en cada artículo junto a la fecha en la que vio la luz y que todavía permiten consultarlos en la red. Muchas gracias a todos ellos.

Cada artículo es como un fogonazo que ilumina la visión sobre una materia en un momento determinado. Artículos que abordan cuestiones agrícolas, ambientales y sociológicas; artículos que dibujan retazos de la contradictoria relación que mantiene una sociedad que precisa de alimentos con aquellos —agricultores, ganaderos y pescadores— que se la proporcionan. No se trata de una pintura realista, con profusión de detalles, sino de una impresionista, de brochazos enérgicos e incompletos, para vislumbrar una realidad a base de sus parcialidades. No pretendo abordar la complejidad del mundo rural en su totalidad, sino tan solo apuntar a su función primordial de proveedor de los alimentos que precisamos. Por eso, actividades tan hermosas, positivas e importantes como las del turismo rural, turismo activo y de aventuras, caza, guías de fauna, gestión forestal, entre muchas otras, no son abordadas en estas líneas, centradas, repetimos una vez más, en cómo y por qué el campo se vengará al modo bíblico de la sociedad que olvidó y despreció su función primordial de producción de alimentos.

Tampoco entro a analizar las diferentes agriculturas. No es un ensayo agronómico, ni ganadero, ni pesquero. A nuestros efectos, son considerados como productores de alimentos, independientemente de que lo hagan de manera intensiva o extensiva, ecológica o integrada, de regadío o secano; actividades, en todos los casos, muy dignas que producen los alimentos que precisamos. Huiré de datos, de informes técnicos, de bibliografía, de cuadros, de gráficos, que *haberlos, haylos*, en abundancia y razón. Pretendo que sea el sentido común el que nos muestre la incongruente paradoja en la que habitamos, la del querer alimentos variados, abundantes, sanos y baratos mientras atacamos con saña a la actividad agraria y a las gentes que la desarrollan.

Se trata de un debate necesario, porque, desgraciadamente, seguimos en la misma dinámica de años, como el lector fácilmente podrá comprobar. Los alimentos, más allá de cuestiones climáticas, suben por los desajustes de la desglobalización y por las restricciones y dificultades de todo tipo que el sector agrario, despreciado, ha experimentado durante estos últimos años. La desglobalización ha añadido incertidumbre e inseguridad a la cadena de suministros, lo que cebará la subida de precios agrarios. Tampoco la distribución es la responsable de la subida. Al contrario, su poder de compra, muy superior al de los productores, deflactó y deflacta los precios agrarios, presionando a la baja lo que percibe el agricultor, hasta, en ocasiones, el mismo punto de ruina. Pues ese es el panorama. Más personas que alimentar, pero menos terreno, menos agua y menos agricultores, encima despreciados y perseguidos, sujetos, además, a todo tipo de limitaciones. ¿Qué podría salir mal?

Pese a todo, con voluntad, hay capacidad agronómica más que suficiente para dar de comer a todo el planeta. Hace falta inteligencia, voluntad, tecnología y, también, discurso para que la sociedad los deje trabajar con rentabilidad. En efecto, son los discursos dominantes en la sociedad los que hacen que las actividades del sector primario resulten juzgadas con mayor severidad que otras con mayor impacto en el medio ambiente. Nos llama poderosamente la atención cómo no se aplican los mismos criterios ni medidas en materia de sostenibilidad, por ejemplo, a las inversiones agrarias que a las denominadas inversiones verdes. ¿Por qué se critican y condenan los costes ambientales de las conducciones de agua para regadíos o trasvases y, sin embargo, se acepta pacíficamente la construcción de complejísimos gaseoductos para hidrógeno que atraviesan toda la península, a pesar de tener un impacto mucho mayor que los primeros y, también, mucho más riesgo y peligrosidad? No nos oponemos al hidrógeno, que nos parece muy bien; lo que denunciamos como injusto es la doble vara de medir.

Más ejemplos. El desarrollo de las energías renovables es necesario y positivo, siempre que se les apliquen los mismos criterios y normas que a la actividad agraria. Pues bien, desgraciadamente, no es así. Hace unos años se levantó una fuerte polémica por los cultivos dedicados a biocombustibles. Se argumentó que, existiendo todavía hambre en el mundo, no debía dedicarse suelo agrícola para producción energética, en cuanto que se reducía la producción de alimentos. Y razón tenían. ¿Por qué, entonces, aceptamos encantados y sin debate alguno el que se dediquen miles de hectáreas de tierras fértiles a la instalación de paneles fotovoltaicos? ¿No desviamos en este caso suelo agrícola para producción energética? ¿Por qué nadie protesta cuando estas centrales fotovoltaicas —algunas, de enorme superficie— son tratadas sistemáticamente con herbicidas para que no crezca pasto bajo los paneles? ¿Por qué nadie protesta, entonces? A lo largo de este recorrido descubriremos las razones de la doble vara de medir ya reseñada. La sociedad no toma sus decisiones por cuestiones técnicas, sino que principalmente lo hace por las ideológicas y morales. Si se quieren cambiar las dinámicas, habrá que trabajar, y mucho, en pensamiento, relato y discurso. Agricultores, ganaderos y pescadores tendrán que, además de llevar sus cultivos, sus granjas y sus faenas pesqueras, construir un discurso que convenza a la sociedad que los olvidó. No será fácil, pero aún estamos a tiempo. Este libro espera, como ya hemos dicho, poder poner su granito de arena en esa gran contienda de las ideas y los imaginarios confrontados. Si existe una estrategia energética, ¿por qué no habría de existir una alimentaria, más necesaria y perentoria aún?

La agricultura ha superado enormes retos técnicos y agronómicos, pero le ha faltado la construcción de discurso y de comunicación. La sociedad actual precisa de ese relato que sitúe a agricultores, ganaderos y pescadores como garantes de la alimentación variada, sana y sostenible que demanda. Pero, para ello, la actividad primaria ha de resultar rentable y valorada. Solo así se atraerá talento joven y se podrán financiar las muchas inversiones aún necesarias para las mejoras a las que el sector se compromete. El sector agrario de hoy es plenamente consciente de que debe incorporar a su quehacer cotidiano los conceptos de nuevas tecnologías, digitalización, inteligencia artificial (IA), salud, calidad, trazabilidad, economía circular, optimización energética, ecología, balance de CO_2 y sostenibilidad. De esa necesaria sensibilidad ambiental se ocupan algunos de los artículos que leerá sobre el avance del bosque y de la fauna salvaje. Los agricultores deben ser apreciados como aliados del medio natural, nunca percibidos como sus enemigos. Los agricultores son —y quieren serlo— socios necesarios para que disfrutemos de un medio ambiente mejor. De hecho, fue el mundo rural, que no el urbano, quien conservó la naturaleza que hasta nosotros ha llegado. Los profesionales del campo viven en nuestra sociedad actual y comparten sus valores. Pero desean que se les respete, que se les valore y que se les deje trabajar con rentabilidad en su función principal, que es la de producir alimentos. Son gentes duras, abnegadas, dispuestas a seguir alimentando a una sociedad que, pese a su ignorante desdén, los precisa hoy más que nunca.

Pero no nos extendamos más. Que sean los artículos los que nos muestren el camino recorrido. Y, como primer paso, retrocedamos hasta agosto de 2009. Un año antes, en 2008, se había sustituido el tradicional nombre del Ministerio de Agricultura, Pesca y Alimentación por el de Ministerio de Medio Ambiente y Mundo Rural y Marino. Al parecer, a los responsables públicos del momento les avergonzaban las palabras anticuadas de *agricultura*, *pesca* y *alimentación*, al punto de que decidieron sustituirlas por otras más molonas, al gusto de los tiempos. ¿Cómo no escribir, entonces, por vez primera, lo de la venganza del campo por venir?

LA VENGANZA DEL CAMPO (I)

Cinco Días, 19 de agosto de 2009

No sabemos cuándo llegará, pero más pronto que tarde se presentará entre nosotros con sus fauces abiertas sedientas de venganza. Durante décadas, lo hemos despreciado, humillado, pisoteado. Al campo, a la agricultura, a la ganadería, y al conjunto de sus gentes. «Sector primario», lo definíamos, como sinónimo malicioso de elementales, primitivos, básicos. La sociedad posmoderna ignoraba a los productores agrarios, a los que benignamente sólo toleraba como cuidadores de un medio ambiente en el que solazarse. El campo ha desaparecido del debate público. Oímos a los políticos y a los gurús desgañitarse en el debate de la economía del futuro. ¿Alguien los ha oído alguna vez nombrar la agricultura? No. El campo ya no existe para las mentes pensantes. Todas dan por hecho que los

productos agrarios sanos y baratos seguirán inundando los mercados. Se equivocan. Más pronto que tarde, el campo se vengará en forma de escasez de alimentos, que subirán de precio de forma brusca e inesperada. Que nadie se queje entonces. Entre todos estamos incubando ese monstruo a base de desprecios y desdén.

Lo llaman cadena de valor. El precio final que paga el consumidor debe retribuir a la cadena de supermercados, al fabricante, al transportista, al almacenista y, finalmente, al agricultor. ¿Adivina quién es el que menos percibe de esta cadena? Pues ha adivinado, es el que está al final, el proveedor de la materia prima, el más débil a la hora de negociar. Le dan tan poco que ni siquiera se le permite cubrir gastos. Pongamos un ejemplo. Una camisa de algodón que cuesta cien euros apenas si tendrá unos céntimos de hilo de algodón. Todo se queda en la marca, el diseño, los transportes, el comercio, el valor añadido de la cadena, los impuestos, etc., etc. El costo de la materia prima agraria o ganadera es irrelevante. Y, a perro flaco, todo son pulgas. Entre todos exprimen sin piedad al agricultor, que impotente contempla la progresiva ruina de sus economías y familias.

Mientras esto ocurre, la expansión de las zonas urbanas e industriales —ubicadas normalmente sobre las tierras más fértiles— continúa devorando implacablemente la superficie agrícola y la proliferación de infraestructuras civiles sigue arañando miles y miles de hectáreas cada año de tierras de cultivo. El factor tierra también se reduce por el crecimiento de instalaciones de energías renovables. Los paneles y los molinos también restan hectáreas de cultivo y pastos. Se nos podría contraargumentar que aún existen tierras abandonadas o vírgenes, pero la verdad es que son más escasas de lo que podemos pensar. Casi toda la superficie que se puede cultivar ya se cultiva, y el resto, o es infértil o se encuentra protegida. No podemos basar nuestro desarrollo en la deforestación masiva de los escasos bosques y zonas salvajes que nos restan. Lentamente, cada vez tenemos menos tierra para labrar.

El segundo factor básico es el agua y aquí el futuro es aún más sombrío. La cantidad de agua destinada a la agricultura disminuye año a año. Más allá de sequías y cuestiones climáticas, que obviamente también la limitan, el ingente consumo urbano, turístico e industrial del agua —todo ello antepuesto al agrícola— hace que cada año los agricultores dispongan de menos agua para sus cultivos. La escasa rentabilidad de sus producciones también limita al máximo su consumo.

Es en el tercer factor, las técnicas de cultivo y la investigación de las variables de producción, donde aún podemos cifrar nuestras esperanzas. Aún queda camino por recorrer para optimizar regadíos e incrementar la productividad por hectárea.

Pero los actuales precios basura impiden financiar la innovación. Tan solo si el campo vuelve a la rentabilidad, la investigación podrá azuzarse.

Todos los alimentos —y digo bien *todos*— provienen del sector primario. Ni toda la química ni la electrónica del momento han logrado producir ni un solo gramo para comer. Y parece que hemos olvidado algo tan elemental como que tenemos que hacerlo todos los días. No debemos permitir que el campo siga muriendo. Los precios deben reajustarse y, en los planes económicos, el sector primario debe tener un peso propio. Algunos países, como China, están comprando masivamente tierras en terceros países. Quieren inmunizarse ante la venganza del campo. ¿Qué hacemos nosotros? Pues nada. Así nos irá.

LA VENGANZA DEL CAMPO (II)

Cinco Días, 20 de noviembre de 2009

La sociedad —al menos la desarrollada— está convencida de que tiene la alimentación garantizada de por vida. Cada vez dedica menos porcentaje de su renta a la comida y ha interiorizado que los productos agrarios, ganaderos y pesqueros seguirán siendo abundantes, de calidad, sanos y, sobre todo, baratos, muy baratos. Por eso, minusvalora la importancia de la agricultura y los agricultores. En España y también en Europa. El discurso de los excedentes agrarios caló de tal forma en la opinión pública europea que sus dirigentes se apresuraron a desmantelar la PAC porque les escandalizaba que fondos tan cuantiosos se dedicaran al sector primario, argumentando que la prioridad de la economía europea debería centrarse en exclusiva en los nuevos sectores tecnológicos. Y se quedaron tan contentos.

Los agricultores se han acostumbrado a verse relegados. Nadie parece acordarse de ellos. Son señalados como parásitos sociales que viven de las subvenciones, que significan el retraso. Durante décadas, han sido despreciados, humillados, pisoteados. Los agricultores, empobrecidos hasta límites insoportables, tienen razón en sus protestas y manifestaciones. Que estas líneas les sirvan de modesto apoyo. Para muchos, sector *primario* es sinónimo malicioso de elemental, primitivo, básico. La sociedad posmoderna ignora a los productores agrarios, a los que benignamente sólo tolera como cuidadores de un medio ambiente en el que solazarse en sus salidas vacacionales. Pura curiosidad antropológica. El campo ha desaparecido del debate público y del modelo económico. Oímos a los políticos y a los gurús desgañitarse en estrategias para la economía del futuro. ¿Alguien los ha oído alguna nombrar la agricultura? No. El campo ya no existe para las mentes pensantes.

Nadie parece reparar en que la tierra disponible para la agricultura disminuye cada año, ni en que el agua se le limita para destinarla a usos urbanos, turísticos e industriales. Las expansiones urbanas, de infraestructuras y de energías renovables se comen todos los años miles de hectáreas. Tan solo en España, más de 250 000 hectáreas de uso agrario y de pastos han desaparecido bajo el hormigón en estos últimos quince años. Menos tierra, menos agua y unos precios ridículos para la mayoría de las producciones están teniendo como consecuencia que las producciones finales estén disminuyendo. Los excedentes agrarios europeos hace ya tiempo que se esfumaron. Pronto nos convertiremos en dependientes en materia alimentaria, si es que no lo somos ya. Tampoco esto parece preocupar a nadie. Siempre nos saldrá más barato —nos dicen— importar comida de países del tercer mundo y venderles a ellos nuestra tecnología. ¡Necios! ¡Cómo olvidar el valor estratégico que posee la alimentación! Hablamos continuamente de seguridad y de reservas energéticas, por ejemplo, y olvidamos la suficiencia alimentaria. Ningún estratega contempla la hipótesis de la carencia de alimentos. Pues se equivocan. Deberían considerarla como una posibilidad cierta y no tan distante en el tiempo.

Hace unos meses escribí para *Cinco Días* el artículo «La venganza del campo», del que he rescatado algunas ideas para estas líneas. Hoy lo continúo con la misma afirmación: más pronto que tarde, el campo se vengará en forma de escasez de alimentos, cuyos precios subirán de forma brusca e inesperada. Que nadie se queje entonces. Entre todos estamos incubando ese monstruo a base de desprecios y desdén. Europa puede sufrir desabastecimiento por la competencia con otras zonas que demandan ingentes cantidades de alimentos. Y no tendremos otra alternativa que pagar lo que nos pidan, porque entre todos hemos desmantelado nuestra capacidad productiva.

Todos los alimentos, todos, provienen del sector primario. Ni toda la química ni la electrónica del momento han logrado producir ni un solo gramo nutritivo. Y tenemos que comer todos los días. No podemos permitir que el campo siga muriendo. Los precios deben reajustarse y, en los planes económicos, el sector primario debe tener un peso propio.

El Instituto de Ingeniería de España dio voz a los ingenieros agrónomos para reivindicar una profesión que se revela imprescindible para un futuro inmediato. Con menos tierra, menos agua y una energía más cara, tendrán que ingeniárselas para que no falten alimentos a una población creciente. Tarea que será harto difícil. La mejora técnica puede resultar insuficiente si las autoridades europeas no logran interiorizar la importancia estratégica de la agricultura. Que lo hagan pronto. Si no, experimentaremos las duras palabras con las que encabezo este artículo en nuestras propias carnes y carteras.

Una Europa tecnológica y del conocimiento, sí, pero con su alimentación garantizada también.

SINE AGRICULTURA, NIHIL.
SIN AGRICULTURA, NADA

La Información, 23 de octubre de 2018

La sociedad es urbana, el campo ya no cuenta. No cuenta ni en poder político, ni en imaginario colectivo, ni en prioridades sociales. Los agricultores son ya una inmensa minoría de nuestra población y continúan retrocediendo en número y renta. Salvo en algunas zonas muy determinadas, resultan invisibles para el urbanita triunfante. El campo se abandona, las ciudades grandes crecen, en demérito de ciudades pequeñas y pueblos. El interior de España se despuebla, los campos se abandonan, el monte avanza. En 1986, la población dedicada a la agricultura suponía un 15,4 % de la población activa. Hoy en día, ese porcentaje se ha reducido hasta el 4,5 % y se estima que en 2030 aún baje más hasta estabilizarse en un 3 %.

Es normal que así sea, ha ocurrido en todos los países desarrollados. Pero una cosa es que la población agrícola cada vez sea menor y otra muy distinta que nos olvidemos de la agricultura y de los profesionales que la hacen posible, porque de ellos vivimos todos.

El español medio es un urbanita que no conoce la agricultura ni sus necesidades ni exigencias. El urbanita cree que el campo es ese lugar idílico en el que pasar el fin de semana, ese paisaje que advierte desde el coche o por el que transita en hermosas rutas de senderismo. A los agricultores los llama *campesinos* y los toma como una rareza etnográfica, como un elemento folklórico de una España que se fue. Fauna típica como *atrezzo* de pueblos ancestrales. El urbanita, sensibilizado de manera creciente por el medio ambiente, considera que los silos de cereales o las almazaras en las que se muelen las aceitunas, por decir dos instalaciones agrícolas muy usuales, contaminan un paisaje que querrían límpido y hermoso. Los urbanitas aman los paisajes vírgenes y se muestran sensibles contra la huella de la actividad agraria con sus roturaciones, sus abonos, sus fitosanitarios, su maquinaria y su agroindustria.

Hace años que el agricultor perdió el discurso público y la batalla de la comunicación. Y por dos motivos fundamentales, relacionados de alguna manera entre sí. El primero, la aparente abundancia de alimentos a nuestra disposición. Se suman las generaciones en los países desarrollados que no han conocido carencia alimenticia alguna; siempre han dispuesto de todo tipo de alimentos, en cualquier época del año, en buenas condiciones sanitarias y a un precio razonable, además. El coste de la alimentación ha ido bajando en la cesta de la compra, mientras subían con fuerza otros epígrafes, como vivienda o educación. El evidente éxito de la técnica e industria agrícola, paradójicamente, ha devaluado la consideración social hacia los alimentos y los profesionales que los producen. El urbanita, ante tanta abundancia de comida buena, bonita y barata, hace décadas que dejó de preocuparse por ella. Piensa que la comida siempre aparecerá en una estantería del supermercado como por ensalmo, sin apreciar el enorme esfuerzo realizado por los agricultores, industriales, profesionales y distribuidores para que continúe produciéndose el milagro cotidiano de la multiplicación de los panes y de los peces. El urbanita, por tanto, no valora al sector, en cuanto vive en la abundancia alimenticia. Pero, además, y por si fuera poco, ha escuchado durante décadas el mismo discurso. Que en Europa se paga para que los agricultores dejen de producir, que los excedentes son un problema comunitario. La Política Agraria Común, la PAC, a pesar de haber perdido peso, continúa siendo la de mayor asignación presupuestaria. Y todo —escuchamos repetir—, para financiar excedentes y para subvencionar tierras vacías de los agricultores. Y claro, este discurso devalúa aún más al agricultor ante el urbanita dominante, que cree que paga impuestos para que los agricultores vivan sin trabajar. Sin trabajar, sí, porque la prioridad es producir menos, no producir más. Y así estamos. Nunca en la historia la agricultura tuvo menos peso económico, político, social y cultural que en la actualidad. Pero una cosa es que otros sectores tengan un protagonismo mayor —algo que es lógico y positivo— y otra bien distinta que eso signifique olvidarse y despreciar a los agricultores, que, no lo olvidemos, son los que continúan alimentando a la sociedad. Todos los alimentos que consumimos proceden en última instancia de la actividad de agricultores, ganaderos y pescadores. Sin agricultura, moriríamos de hambre. A la agricultura se la conoce como sector primario no porque sea la más elemental, sino porque, sin ella, nada más de los demás existiría.

Pues bien, es posible que el ciclo de alimentos abundantes y baratos vaya tocando a su fin. Cada vez somos más y las tierras fértiles menos. Los nuevos usos, el consumo industrial y urbano, hacen, también, que el agua disponible para la agricultura disminuya en el mundo entero. Sequías y demás catástrofes naturales golpean con especial dureza a las plantaciones e infraestructuras agrarias. Las suicidas guerras comerciales, con su secuela de aranceles y cortapisas aduaneras, dificultarán y encarecerán los alimentos que importamos o exportamos. Todos estos factores combinados harán que el coste de la alimentación suba. O que, en algún momento o circunstancia, el alimento escasee o falte incluso, que sería aún un problema mayor. La escasez de alimentos podría volver a producirse, a pesar de su connotación bíblica. Un imposible que podría tomar cuerpo de nuevo.

Según las estimaciones de la ONU, en 2050 habitarán el planeta 9700 millones de habitantes. Para poder abastecer su demanda, la producción agrícola tendrá que incrementarse al menos un 50 %, según la estimación de la FAO. Y ese esfuerzo productivo tendrá que consumarse sin aumentar la superficie agraria, que podría incluso disminuir, y sin consumir más agua, que podría restringirse. ¿Se puede conseguir el milagro? Sí, pero con un gran esfuerzo de todos los agentes implicados, agricultores, administraciones, investigadores y técnicos, veterinarios y profesionales especializados.

Los ingenieros agrónomos son los profesionales que aplican las técnicas y procedimientos de la ingeniería para mejorar la agricultura, la agroindustria y el mundo rural, en general. Y para reivindicar su papel en la sociedad y para visibilizarse acaban de celebrar en Córdoba su IV Congreso Nacional, bajo el oportuno lema «Retos tecnológicos, innovación y apuestas de futuro en ingeniería agroalimentaria y medio rural». El campo quiere agua, pero también quiere internet, y los ingenieros agrónomos están adaptando todos los procesos agrarios a las posibilidades que brinda la revolución digital.

El Cuerpo de Ingenieros Agrónomos fue creado en 1855, reinando Isabel II. A pesar de su larga vida, tan solo ha celebrado cuatro congresos nacionales. El primero, en 1950, cuando España comenzaba a salir de la autarquía y de la racionalización de alimentos; el congreso determinó la línea productivista que acabaría con el hambre secular. El segundo congreso se celebró en 1980 y supuso una adaptación de los valores que inspiraban las políticas agrarias a los principios constitucionales, con un ojo puesto ya en lo que por entonces se conocía como CEE, la Comunidad Económica Europea. «Los poderes públicos —consagra la Constitución Española en su artículo 130— atenderán a la modernización y desarrollo de todos los sectores económicos y, en particular, de la agricultura, de la ganadería, de la pesca y de la artesanía, a fin de equiparar el nivel de vida de todos los españoles». Los ingenieros agrónomos reforzaron en aquel congreso su compromiso profesional con el inequívoco mandato constitucional. El tercero de los congresos fue celebrado en 2005, con motivo del 150 aniversario de la profesión, y supuso una relectura del papel del ingeniero agrónomo en la sociedad, tras años de aplicación de una PAC que, de alguna manera, desincentivaba la producción agraria. Pero, probablemente, el congreso más importante haya sido el recientemente clausurado, por cuanto supone la adaptación de todo un sector a los requerimientos y, al mismo tiempo, a las posibilidades de la economía digital y de la consiguiente transformación tecnológica. Sin tecnología, la agricultura no podrá alimentar a una población creciente que reclama más proteínas en los países en vías de desarrollo y una alimentación sostenible y saludable en los países desarrollados. El ingeniero agrónomo tiene ante sí el enorme reto de la transformación digital de la agricultura, combinado con los principios de sostenibilidad y respeto al medio ambiente y los de alimentación respetuosa y saludable.

El lema de los ingenieros agrónomos es oportuno y sabio: *Sine agricultura, nihil.* «Sin agricultura, nada». Sin ingenieros agrónomos, tampoco. Enhorabuena a los organizadores del congreso por haber colocado en el centro del debate la radical importancia de la agricultura y de sus profesionales. Un éxito que es el éxito de toda la sociedad porque, como ya sabemos, *sine agricultura, nihil.*

EE. UU.: ESCONDERSE TRAS MUROS Y ARANCELES, ¿LA MEJOR ESTRATEGIA?

La Información, 21 de mayo de 2019

EE. UU. ha declarado la guerra a China. «Guerra comercial», le dicen, pero guerra, al fin y al cabo. Guerra posmoderna en la que, por ahora, en vez de tanques se usan aranceles, y en vez de ejércitos, trabas aduaneras. Y no, no se trata de un calentón de Trump ni de una de sus ocurrencias tuiteras. La guerra ha venido para quedarse, gobiernen demócratas o republicanos. ¿Por qué? Pues por una razón muy simple: China está conquistando la supremacía mundial y, de seguir las cosas así, en muy poco tiempo superaría a EE. UU. en todos los aspectos, el tecnológico incluido. Y, claro, los americanos parecen dispuestos a vender cara su piel.

Think tanks, universidades americanas, ensayistas, *lobbies* de tipo de diverso llevaban tiempo advirtiendo de este *sorpasso* global, reclamando que algo se hiciera. Y lo que al final se ha hecho lo estamos contemplando cada día delante de nuestras propias narices. El gran espectáculo, el ajedrez infernal de la geopolítica global se libra ante todos nosotros. Un día se anuncian aranceles del 25 % y la bolsa se derrumba, otro día se prohíbe a Huawei operar en EE. UU. y, ahora, Google anuncia que dejará de trabajar con el coloso tecnológico chino. Episodios importantes, todos ellos, que evidencian la guerra, antes soterrada, ahora abierta, que libran los dos gigantes mundiales.

Los europeos, que mandamos en el mundo desde el siglo XV hasta el XX, languidecemos entre indecisiones y melancolías. Rusia, a pesar del chute de Putin, no llega, ni por asomo, a las dimensiones de los dos contendientes, dispuestos a luchar por el liderazgo mundial. China, a un lado del *ring*; EE. UU., al otro; y nosotros, en medio, con riesgo cierto de recibir mamporros de ambos lados. Y, en el camino por venir, conflictos aquí y allá que crearán severos desajustes en el comercio mundial y, por supuesto, en el de los alimentos también.

Veamos cómo se está configurando esta política de bloques, remembranza de aquella de la Guerra Fría que tan bien glosara John Le Carré con sus espías románticos y alcoholizados. Es bien sabido que los vecinos suelen desconfiar entre sí. Por eso, Japón nunca terminará de fiarse de China y siempre preferirá a los americanos, al igual que Rusia, temerosa tanto de los occidentales como del tigre que puede devorarle su costado. Sin embargo, los europeos, que hasta ahora hemos sido la quintaesencia de Occidente, parecemos dudar. Algunos países europeos ya han optado por el 5G de Huawei, más avanzado, moderno y barato que cualquiera de su competencia, pero que supone una auténtica afrenta para los americanos, que lo han condenado bajo el cargo de espiar para el Gobierno chino. Quién sabe. El caso es que una incómoda desazón recorre las cancillerías y los centros económicos de los países europeos. ¿Qué hacer? Por una parte, nos molesta el aire de matonismo que adopta Trump, con sus continuas amenazas y aranceles crecientes a las producciones europeas, entre ellas a la de los productos agrarios, como la aceituna de mesa, que nos duele especialmente. Por otra, aún tememos más a los chinos, de los que no sabemos casi nada. Y así estamos, divididos como siempre y deshojando la margarita de nuestra indecisión. Y claro, así no resultamos de fiar ni para los unos ni para los otros, relegados a convertirnos en mero escenario para sus juegos de guerra y en mercado apetitoso para sus tecnologías y compañías.

Y mientras nosotros languidecemos dulcemente, el mundo se agita ante las fuerzas tectónicas que lo aprisionan. La guerra ha comenzado y la supremacía mundial está en juego. ¿Quién ganará? No lo sabemos. Nosotros, por si las moscas, debemos apostar por los nuestros, por los occidentales, con los americanos a la cabeza, si es que eso sirve de algo ya, a estas alturas. Pero, desde nuestro atlantismo, debemos preguntarnos: ¿ha escogido Trump la mejor de las estrategias? Ibn Jaldún ya dictaminó hace casi mil años que los ciclos de la historia se repiten y que los bárbaros, con vigor y ambición, siempre terminan conquistando a los imperios acomodaticios y decadentes. EE. UU. se rodea ahora de murallas de alambre con el sur y arancelarias con el resto del mundo. A corto plazo puede darle resultado, pero, ¿y a medio y largo plazo? La experiencia histórica nos demuestra que quien se escondió detrás de los muros siempre terminó perdiendo. Los que creemos en la competencia y el libre mercado debemos actuar en consecuencia. El problema no es que Huawei tenga el 5G y que espíe para el Gobierno chino, el problema fundamental es otro: ¿cómo han podido las prodigiosas compañías americanas haber perdido el paso con las novísimas tecnológicas chinas? Ahí radica la cuestión. Si China adelantara a EE. UU. en tecnología, eso sí que significaría el principio del fin.

Cerrar fronteras, vetar compañías, prohibir mercados, castigar a quien trabaje con la competencia... son síntomas de una estrategia temerosa y arriesgada en la que, más allá del resultado, se comienza perdiendo la propia coherencia. Hasta ahora fuimos los occidentales los que predicamos —afortunadamente —aquello de las fronteras abiertas. No las cerremos ahora por cobardía, porque lo que demostramos, en verdad, es nuestra incapacidad de combatir a campo abierto. La globalización, tal y como la hemos conocido hasta ahora, corre peligro y su derrumbe tendría hondas consecuencias en todos los mercados, con especial incidencia en el alimentario, por las inevitables crisis alimentarias que los desajustes ocasionarían. Uno de los factores del abaratamiento histórico de los alimentos ha sido la eficaz cadena de suministro creada por un mundo global. Si este se rompe, la cadena saltará por los aires y la alimentación se encarecería hasta niveles no conocidos en décadas.

Los optimistas afirman que las propias incoherencias del sistema chino, comunista en lo político, capitalista en lo económico, terminarán por hacer saltar por los aires lo que ahora parece un imbatible triunfador. Quién sabe. Otros, argumentan que la propia sociedad y los sindicatos orientales avanzarán y que abandonarán la fórmula 9/9/6 —trabajo de nueve de la mañana a nueve de la noche, seis días a la semana— que hasta ahora impulsa su competitividad con la fuerza de un cohete. Pudiera ser. Quizás China sea a largo plazo un gigante con pies de barro. Pero el caso es que, hoy por hoy, vemos asustado a nuestro campeón y sufrimos cuando eleva muros para aislarse de un mundo que, desde hace décadas, lo admiró e imitó. En fin, que ya veremos lo que ocurre desde nuestra peligrosa poltrona de espectadores pasivos y resignados del espectáculo secular de una globalización herida de muerte. Y nosotros con estos pelos y sin reservas estratégicas alimentarias algunas.

EL BOSQUE AVANZA. NI LOBOS NI OSOS SON NUESTROS ENEMIGOS

La Información, 30 de julio de 2019

Los campos y los pueblos se abandonan. El bosque crece y, donde antes —con sudor y poco rendimiento— se cultivaban barbechos y se pastoreaban prados, se extiende ahora la mancha de monte joven, de robles y de chaparros. Vemos cómo los árboles comienzan a conquistar las antiguas praderas, hoy en decadencia. España se está convirtiendo en un extenso bosque, haciendo bueno aquel mito achacado a Estrabón. Escribió, hace 2000 años, que una ardilla podía atravesar Hispania de norte a sur sin tener que bajarse nunca de las ramas de los árboles. Pues eso parece. El avance del manto verde que va cubriendo nuestra superficie es visible desde el tren, desde la carretera. Para comprobarlo no tendrá que adentrarse en sierras ásperas ni solitarias. Bastará con que preste un poco de atención en sus viajes veraniegos para comprobar cómo el monte joven conquista páramos yermos, barbechos y praderas. Quién nos lo iba a decir. Toda la vida escuchando aquello de que nos quedábamos sin bosques para descubrir, a estas alturas, que alcanzamos superficies récord y que tendríamos que retroceder siglos para encontrar una superficie forestal similar a la actual. La vida te da sorpresas, sorpresas te da la vida, que cantaría el gran Rubén Blades. Hoy, atención, España, con sus 18 millones de hectáreas de bosques, es el segundo país en superficie boscosa de Europa, tan solo superado por Suecia. Y seguimos aumentándola…

La España vacía, que supone un drama antropológico, cultural y patrimonial, representa, sin embargo, una auténtica bendición ecológica, nos dicen. «El hombre retrocede, el lobo avanza», podríamos titular la crónica de este giro inesperado de la historia. ¿Es esto bueno? ¿Es malo? En todo caso es el signo de unos tiempos, que, a día de hoy, parece que no van a cambiar. Tendremos más bosques, lo que, mirémoslo como lo miremos, al menos es una buena noticia, en estos tiempos de zozobras climáticas y crisis medioambientales, siempre, claro está, que se gestionen adecuadamente y que no pongan en riesgo nuestra propia seguridad alimentaria. Queremos bosques y, cómo no, también comida, y ambas cuestiones no deberían ser incompatibles entre sí.

Comenzamos a talar y quemar bosques desde el Neolítico, para favorecer a la agricultura y la ganadería. Las grandes praderas de la alta montaña son, en gran medida, paisajes producidos en la prehistoria. La agricultura de subsistencia ya murió y hoy solo se cultiva en los terrenos suficientemente fértiles o irrigables. Las grandes zonas agrarias, donde de verdad es rentable la agricultura, no se ven afectadas por este fenómeno de reforestación; tan solo lo sufren las zonas marginales de baja productividad. La superficie agraria, la dedicada a producir alimentos, no debería retroceder. Debemos, pues, gestionar la nueva realidad. Ayudar en lo posible —servicios públicos, comunicaciones, impuestos— a los habitantes de las zonas despobladas, impulsando una rentabilidad razonable para sus cultivos y ganados. También gestionando bosques sanos, llenos de vida, que también puedan producir empleo y riqueza sostenible. La sociedad urbana, que manda con sus votos, desea naturaleza y la sensibilidad medioambiental avanza día a día. Nuevos oficios vinculados con el turismo, la conservación y la ecología aparecerán en sustitución del ordeño, la labranza o la siega. Y ¿cuáles cree que resultarán más atractivos y rentables para los jóvenes de hoy?

Pues no se trata de sustituir a los unos por los otros, sino de lograr que convivan. Nuevos oficios que enriquezcan y complementen —que no eliminen— a los de las imprescindibles agricultura y ganadería.

¿Y los usos tradicionales de pastoreo? Aunque insignificantes en el balance nacional, para la economía rural sí que tienen, aún, una gran importancia, por lo que debemos ser respetuosos y comprensivos con sus problemas, algunos de los cuales se los proporcionan las poblaciones crecientes —benditas sean— de osos y lobos. Veamos algunos ejemplos. Leemos que la osa Clavelina, soltada de forma unilateral por Francia en la región del Bearne, en los Pirineos Atlánticos, ha concedido una tregua a los rebaños de ovejas navarras que pastaban en los prados altos de las selvas de Irati. Sus últimos ataques tuvieron lugar en mayo. Dicen que ha encontrado otra fuente de alimentos, pues desde entonces no ha vuelto a atacar. Bien sea por eso o por alguna de las medidas preventivas adoptadas, el caso es que la plantígrada ha dejado en paz a borregas y cabritos. Los ganaderos no se terminan de fiar y piden que se retorne la osa a Eslovenia, de donde, al parecer, procede. Francia no se da por aludida, ya que la osa cruza de un lado a otro de la frontera tan ricamente, poco preocupada por papeles y requisitos burocráticos. La suelta a punto estuvo de costar un incidente diplomático entre los dos países vecinos, ahora ya enfriado.

Recientemente visité Tella, el pueblo de las ermitas, los dólmenes y las brujas, situado en el alto Sobrarbe aragonés, en las puertas mismas del soberbio Parque Nacional de Ordesa. El oso Goliath, también procedente de Francia, acababa de matar a dos terneros. Fuimos testigos de la ira de un lugareño contra el animal. El oso regresa a los Pirineos y parece que logrará repoblarlo por completo, favorecido por el abandono de los campos, de los pastos, y el avance del bosque. El pastoreo retrocede, pero no por culpa del oso ni del lobo, sino más bien porque la actividad ya no es rentable o porque no se encuentran pastores. Tampoco las enrevesadas exigencias administrativas y sanitarias de la PAC ayudan al mantenimiento de pastoreo extensivo y trashumante. Sea por lo que fuere, el caso es que cada año suben menos cabezas de ganado a los pastos de altura. Y como muestra, Ordesa. Nos cuentan que hace apenas dos décadas subían más de 30 000 cabezas de ganado al quiñón central del parque: ahora apenas si llegan a 5000... y bajando año a año. Los ganaderos son ya ancianos y no parece que los jóvenes estén por la dura tarea de seguir a sus ovejas y vacas ladera arriba, en soledad, aislamiento, y sin cobertura para los *smartphones*. Nos quedamos sin ganaderos, todo un drama económico, alimenticio y antropológico.

Las poblaciones de oso cantábrico están en expansión, repoblando nuevas sierras y bosques.

No parecen causar tanto revuelo como lo ocasionan los pocos osos del Pirineo, quizás porque los habitantes de los valles altos de Asturias, Cantabria, Palencia y León ya aprendieran a convivir con ellos. En algunos pueblos, como los del Parque de Muniellos, aparecen empresas de ecoturismo que, con extremo respeto, permiten el avistamiento de las familias de osos en libertad. El oso deja de considerarse como merma y riesgo para las haciendas locales y se convierte en fuente de riqueza y empleo más cualificado. ¿Qué retendrá más jóvenes en el pueblo? ¿La tarea de pastorear ovejas o la de guía de ecoturismo para observación de fauna salvaje? Pues ambas deberían tener la posibilidad de convivir, aunque, para ello, habría que conseguir que la agricultura y la ganadería resultaran para los jóvenes tan atractivas y rentables como esas nuevas —y bienvenidas— ocupaciones.

El lobo ya cruzó la línea del Duero hace años y ahora son frecuentes en Madrid, Segovia, el norte del sistema Ibérico, y también están ya presentes en Aragón. Las familias de lobos de Sierra Morena —siempre quedó alguna— parece que también aumentan. Al ritmo de su expansión, el lobo pronto recuperará el territorio que aún ocupaba a principios del xx, la práctica totalidad de la península ibérica.

Ni el oso ni el lobo son nuestros enemigos. Al contrario, son muestras de salud medioambiental y una auténtica joya de nuestra biodiversidad. Cuidémoslos, al tiempo que ayudamos a los ganaderos esforzados que aún mantienen sus ganados menguantes en las soledades de los montes y sierras. Podemos gestionar y conseguir un equilibrio razonable entre ambos intereses encontrados. Porque se trata de que no desaparezcan ni el oso ni el lobo, pero de que no lo hagan ni las ovejas ni el pastor tampoco. ¿Cómo conseguirlo? Pues con una adecuada gestión, que bien podemos lograr. Y ojalá que, que tras el éxito del lobo y del oso, venga el de otras especies amenazadas, como la del lince, el quebrantahuesos, el águila imperial o la foca monje, hermanas de la mejor España —próspera y natural— que entre todos debemos y queremos conseguir, agricultores y ganaderos los primeros. Que nadie, por ignorancia o maldad, los confronte y enfrente.

¿CUÁNDO COMENZAMOS A ODIARNOS COMO HUMANIDAD?

La Información, 3 de septiembre de 2019

¿Cuándo comenzamos a odiarnos como humanidad? ¿Cuándo dejamos de gustarnos? No podemos fijar fecha segura, pero sí afirmar que, desde hace relativamente poco tiempo, dejamos de admirarnos como especie. Comenzamos a vernos como una especie parásita del planeta, al que esquilmamos sin remisión. Este desapego con respecto a nuestra propia humanidad es algo inédito en nuestra historia. Durante miles de años nos amamos y admiramos a nosotros mismos, como culmen de la creación o de la evolución —que lo mismo da para el caso—, y mantuvimos una confianza ciega en nuestro futuro civilizatorio. Ahora, ya no.

Comenzamos a temernos, sabedores de que, de continuar así, esquilmaremos la vida en el planeta. Pero eso nos coloca en un dilema. Si queremos futuro, alimentación y calidad de vida, necesitamos invertir, crecer económicamente. ¿O es, acaso, un modelo la vuelta a la tribu? ¿Existen otros modelos de crecimiento que satisfagan las expectativas de miles de millones de personas deseosas de ascender en consumo y hedonismo? Consumimos y viajamos, pero, al tiempo, sabemos que, necesariamente, dañamos al planeta. Por eso, nos sentimos incómodos con nosotros mismos. Y, atención, se trata de una corriente de fondo que no ha hecho sino empezar y que afectará a la humanidad del futuro. Comenzamos a no gustarnos y eso creará necesarios desajustes sociológicos y políticos hasta que logremos encontrar el equilibrio razonable. ¿Quimera? ¿Sueño imposible? ¿Logro alcanzable? Pues esa será, precisamente, una de las grandes tareas del siglo.

Conocemos las dinámicas de los grandes cambios. Primero, las opiniones y sensaciones; después, los movimientos intelectuales y sociales, para finalizar con las leyes aprobadas en los Parlamentos. ¿Es nuestro inconsciente colectivo el que nos avisa? ¿Es simple cuestión de lógica y de razón? El caso es que la humanidad, por vez primera, empieza a abominar de sus propios logros, idealizando a la naturaleza primigenia de la que procedemos. De alguna manera, percibimos que el planeta está enfadado con nosotros y comienza a protestar como únicamente sabe hacerlo, con extinciones y catástrofes.

Las noticias diarias ceban nuestra angustia ambiental y climática. Repasemos telegráficamente algunos titulares de este agosto ya derrotado. La gota fría golpeó con fuerza al centro y al este peninsular, causando destrozos y daños. Los incendios amazónicos acapararon la atención internacional, al punto de ser abordados en el malhadado G7 de Biarritz, hasta que supimos que los fuegos africanos y asiáticos aún eran más terroríficos y devastadores. En casa, un incendio pavoroso asoló el interior de la isla de Gran Canaria. Los plásticos colapsan los océanos, al punto de crear auténticas islas flotantes y enormes mortandades en la fauna marina. Las autoridades islandesas organizaron un funeral en honor del glaciar Okjoküll, tristemente desaparecido; la placa que pusieron en su monumento rezaba: «Sabemos lo que está sucediendo y lo que hay que hacer. Sólo tú sabes si lo hicimos». Otro glaciar caído en combate; te recordaremos. El ciclón Dorian golpea las Bahamas y la costa este de los Estados Unidos con una catalogación de catastrófico y una fuerza desconocida hasta ahora. Y podríamos continuar desgranando un rosario que ceba nuestro temor. Sí, repetimos en silencio, parece que la tierra comienza a protestar contra nuestra soberbia y prepotencia.

Algo atávico, escondido en las honduras de nuestra entraña animal, parece advertirnos de nuestro propio potencial destructivo. Y, de repente, ya no nos sentimos tan orgullosos de nuestras carreteras, puertos, refinerías, fábricas, trenes. Y comienza, entonces, nuestra radical incoherencia. Las necesitamos, pero las odiamos; vivimos de ellas, pero las abominamos; nos dan calidad de vida, pero comenzamos a verlas como nuestras enemigas. Estas semanas pasadas proyectaron la película islandesa *La mujer de la montaña,* en la que una activista volaba los postes de alta tensión para boicotear los altos hornos que daban riqueza a poblaciones antes empobrecidas. ¿Ecoterrorismo? Los sindicatos, la prensa y el Gobierno perseguían con saña a los autores de los sabotajes, pues destruían el empleo y la riqueza de la población. Sin fábricas, los islandeses tendrían que emigrar, pero, con fábricas, se perjudicaba al medio ambiente. El dilema, el sinvivir que nos atormenta. Y aquí está la novedad del momento. Una parte de nuestra población empieza a preferir un mejor medio ambiente que el desarrollo; algo inédito, como decíamos, en nuestra historia, un algo novedoso y desconocido que modifica percepciones y prioridades.

Comenzamos a temernos y hemos dejado de querernos, al menos de querernos como hasta ahora lo hicimos. Ya no nos vemos como señores absolutos del planeta. Hasta ahora, la tierra, sus recursos y sus criaturas nos pertenecían, estaban a nuestro servicio. Ahora, empezamos a sentir que no es así, que simplemente somos uno más en la compleja y sofisticada orquesta de frágiles ecosistemas. Solo algunas tribus perdidas de las selvas vivieron en coherencia con ese principio integrador. El resto de la humanidad nos lanzamos a una carrera de progreso, desarrollo, urbanización y crecimiento desde miles de años atrás. Al principio, porque creímos que fuimos creados a imagen y semejanza de Dios, como dueños del planeta y de sus bestias al completo. Podíamos hacer de él lo que gustáramos o, al menos, así lo sentenció el Génesis bíblico cuando nos concedió, con hermosas palabras, el dominio absoluto sobre los peces del mar, sobre las aves del cielo, sobre los ganados, sobre toda la tierra y sobre todo reptil que se arrastrara sobre el suelo. Así, durante cientos de miles de años colonizamos el planeta al completo, sin freno alguno a la utilización de los recursos naturales a nuestro alcance. Éramos pocos, entonces, y la tierra, generosa y pródiga. Mientras duró, la esquilmamos sin compasión, y a ello nos aplicamos, todavía, en nuestros días. Solo la humanidad era importante, todo lo demás a nuestro servicio. Ahora ya somos muchos y poderosos y la tierra ya no da más de sí. ¿Qué hacemos si no sabemos hacer otra cosa?

En el Renacimiento apartamos a Dios para ponernos en el centro de todo. Humanismo, le dijimos. Y empezamos a comernos el planeta con ansia aún mayor, apoyados por la marinería y los descubrimientos. Algo más tarde, en la Ilustración, fue la razón, el pensamiento, el discernimiento, quien se coronó como centro sobre el que todo giraba. «Pienso, luego existo», sentenció Descartes para dar pie al método científico que permitiría el asombro de la industrialización y de los avances técnicos. La población humana se multiplicó y nuestra demanda de alimentos, minerales, energía y transporte creció exponencialmente, hasta el límite de advertir, ya en nuestras fechas, que el débil equilibrio terrestre comenzaba a resentirse gravemente. Civilizar, para nosotros, consistió en talar bosques, roturar tierras, hacer caminos, presas, ciudades, fábricas, escuelas, hospitales, medicinas, viajes de turismo, conquista del espacio. El progreso humano tuvo, desde siempre, una única dirección. Progresaba la humanidad, retrocedía la naturaleza. Así de sencillo, así de terrible. Pero algo ha cambiado. El inconsciente colectivo se agita y comienza a expresarse en movimientos sociales inentendibles hace apenas unas décadas. Algunos podrán ser acusados de radicales, de oportunistas, de lunáticos, de vendidos o de enemigos del progreso. Pero no cabe duda de que algo importante y novedoso late debajo de esta oleada de pensamiento y acción que cuestiona nuestro modelo de desarrollo. Basta repasar someramente alguno de estos episodios para comprender que componen en su conjunto una marejada de fondo, que no es efímera, sino que ha venido para quedarse.

Pero, si limitamos nuestras actividades agrícolas, ¿cómo comeremos? Pues nadie parece interesado en responder a esa pregunta esencial. De naturaleza omnívoros, precisamos de la proteína animal para subsistir. Por eso, hemos cazado y hemos criado ganado, al que sacrificábamos en ritos de gran fasto y jolgorio. La carne significaba la vida y la alimentación de calidad. Ahora, de manera muy rápida a escala histórica, vemos cómo florecen los vegetarianos. Los veganos son legión y su renuncia a la carne no solo tiene fundamentos de salud y dietéticos, sino, sobre todo, morales, basados en el principio de respeto a la vida. «No comemos cadáveres», afirman. «No asesinamos animales para comer», repiten. Y de la renuncia individual comienzan a pasar al activismo colectivo. Atacan carnicerías, mataderos y granjas, paradigma de la esclavitud y el genocidio animal. Ya conocimos ese furor con anterioridad, cuando se desataron intensas campañas contra los abrigos de pieles, ahora prolongadas en la guerra al cuero, lo que comienza a ocasionar graves problemas a los mataderos, que no saben qué hacer con un subproducto que antes vendían por un precio razonable. Las campañas contra la caza y los toros son una muestra más de ese animalismo novedoso, que socava tradiciones, economías y modos de vida. No entraremos en el fondo de la cuestión, lo que nos interesa es describir el volumen creciente de la marejada evidente. El que tenga ojos, que vea.

Dos ejemplos más de esta ola. Las leyes han ido otorgando derechos a los animales, tanto salvajes como domésticos. Primero, de simple bienestar: cada día se tiende a concederles derechos humanizados. Y este fenómeno avanza con rapidez en todo el mundo democrático. ¿Tenemos derecho, pues, a matarlos y comerlos? Por otra parte, volar contamina y pronto veremos restricciones a los vuelos y tasas más elevadas para el despegue. Comenzamos, también, a odiar a los turistas, sin percatarnos, quizás, de que somos nosotros mismos los que cebamos con nuestros viajes a esa marabunta invasora que todo se lo come pero de la que, paradójicamente comemos. Paradoja sobre paradoja de una especie que desde hace poco tiempo dejó de quererse.

Abominamos de la agricultura y ganadería industrial, exigimos vuelta a la ecológica y tradicional, pero sin estar dispuestos a pagar, claro está, lo que vale. No queremos abonos químicos aún a sabiendas de que, sin abonos químicos, pasaríamos hambre. Otro síntoma incordiante de nuestro desconcertado estado de ánimo. Queremos comer sin agricultura ni agricultores. Y, claro, así no hay manera. Solo justificaríamos una agricultura artesanal, de pequeña escala, que no sería suficiente para alimentarnos. Y, como no queremos afrontar esa realidad, nos angustiamos y redoblamos el odio a nuestra propia especie.

La natalidad cae, aunque la población —gracias al incremento de la esperanza de vida— continúa creciendo. Nos dicen que seremos diez mil millones de personas al finalizar el presente siglo. Ya veremos. Ante eso, el inconsciente colectivo se agita. No podemos seguir así, pero tampoco se nos ocurre qué camino tomar. Y las preguntas quedan en el aire. ¿Progreso material o retroceso natural? ¿Deseamos retroceder en nuestra calidad de vida o las nuevas tecnologías nos permitirán mantenerla sin dañar con ello al medio ambiente? ¿Políticas de crecimiento cero? ¿Es posible el equilibrio? ¿Volveremos a gustarnos a nosotros mismos o nuestro deseo de autocastigo irá en aumento? ¿Cómo alimentarnos si no queremos agricultura, ni ganadería, ni pesca? A día de hoy no tenemos respuestas a estas preguntas incómodas. Lo único que sabemos es que, cada día que pasa, como humanidad, nos odiamos un poco más, al tiempo que odiamos crecientemente a los que trabajan la tierra para darnos de comer porque no se adecúan a nuestro imaginario de un mundo rural destinado al parecer, exclusivamente, al paseo y la sonrisa.

LOS AGRICULTORES, DESPRECIADOS POR LOS URBANITAS

Cabeceras de Publicaciones del Sur,
16 de octubre de 2019

La sociedad actual es urbanita. Más del 70 % de los españoles viven en grandes áreas urbanas. Esta clase urbana dominante impone sus gustos, sus imaginarios y sus ideales a través de los votos. Los políticos, necesariamente, también poseen extracción urbana. Los valores urbanos mandan en la sociedad y se reflejan en leyes, normas y prioridades públicas.

Los alimentos, para los urbanitas, son algo que aparece casi por generación espontánea en los anaqueles de los supermercados. Son abundantes, variados, saludables y, en términos relativos, muy baratos. Nunca en la historia la alimentación pesó tan poco en la cesta de la compra como hasta ahora. Y, afortunadamente, ellos nunca conocieron un periodo de escasez alimentaria. O sea, comida abundante y barata, lo que hace que no valoren en demasía a los agricultores, ganaderos y pescadores que producen esos alimentos. Si, encima, a ese desprecio se le une la mala opinión generalizada sobre las subvenciones de la PAC, la imagen del agricultor y de la agricultura, necesariamente, se devalúa. Por eso, sencillamente, se les ignora y desdeña.

Al tiempo que la sociedad urbana minusvalora a quienes producen los alimentos, experimenta una creciente necesidad de respetar y mejorar el medioambiente. La conciencia ecológica avanza a ojos vistas, al punto de que, cuando los urbanitas pasean por el campo, les molestan las faenas agrícolas, abonados, roturaciones o instalaciones agroindustriales varias. El valor medioambiente, hoy en día, pesa sociológicamente más que el valor agricultura y que el de garantía de suministro alimentario, lo que se nota en normas y leyes. Está muy bien el amar al medio ambiente, nos decimos, pero eso no debe significar despreciar y acosar a los agricultores, a los ganaderos y a las gentes del campo, a los que, entre otras cosas, debemos la naturaleza que ha llegado hasta nosotros.

Cometeremos un gran error como sociedad si olvidamos el papel estratégico de la agricultura como productora de alimentos. Hoy parece que nos sobran, pero algún día podrían resultar escasos. Por eso, la producción de alimentos de calidad, saludables y respetuosos con el medio ambiente, debe considerarse como una prioridad inexcusable para nuestra sociedad. Hoy, desgraciadamente, no se percibe esa extrema dependencia. A pesar de los avances increíbles que nos asombran, precisamos de comida todos y cada uno de los días de nuestra existencia. Y, hasta ahora, ni siquiera la tecnología más avanzada ha logrado producir ni un solo gramo de alimento.

Pues de todo ello hablamos en profundidad en un acto organizado por la cooperativa de San Isidro, en Castillo de Locubín, con el apoyo de Cooperativas Agroalimentarias de Jaén y del ayuntamiento de la localidad. Estas instituciones luchan por mantener el empleo y el bienestar en zonas de montaña, condenadas a languidecer si no somos capaces, entre todos, de generar la actividad que atraiga y retenga a esos jóvenes, que, hoy por hoy, emigran inexorablemente hacia las grandes ciudades, dejando tras su marcha la triste realidad de una España vacía que avanza y avanza.

Los agricultores en general, y los olivareros en particular, han realizado un gran esfuerzo en modernizar sus técnicas agronómicas, en cuidar la calidad y la trazabilidad de sus producciones, en mejorar el cuidado medioambiental y las garantías saludables. Se disponen ahora a avanzar en los requerimientos de la nueva sociedad digital, en la que sin duda tendrán que dirimir gran parte de su futuro. Pero, sobre todo, tienen por delante la enorme tarea de crear un discurso entendible por la gran masa urbana que determinará su futuro. Si los agricultores no logran ser vistos como agentes imprescindibles y estratégicos para la producción de alimentos, su papel seguirá siendo de extrema debilidad, despreciados por unos urbanitas que ni los comprenden ni los consideran necesarios.

Pero nunca lo olvidemos: sin agricultura, ningún futuro es posible.

EL RUGIDO DEL CAMPO

Cabeceras de Publicaciones del Sur,
19 de febrero de 2020

Como una vieja leona acorralada, la agricultura
—herida, enferma, despreciada, ignorada, humi-
llada, perseguida— ha decidido luchar. Y, sacando
fuerzas de donde no las tiene, se ha erguido orgu-
llosa mostrando garras y dientes al sacar sus tractores y sus gritos de desesperanza a la calle. La daban
por muerta, pero, contra todo pronóstico, ha decidido vender cara su vida, porque sabe que, si no logra
amedrentar con sus gritos a la bestia poderosa que
la devora, morirá sin remedio. Inesperadamente, ha
sacado, como decíamos, sus tractores a las carreteras, gritando a quien lo quiera escuchar que su situación es agónica, terminal. Sorprendentemente, los
gobernantes no parecen darse cuenta de la grave-
dad de la situación, ni del elevado coste que pudiera
suponerle. Ya sabemos que un gato arrinconado
araña; qué decir, entonces, de una leona que, aun-

que esquelética y debilitada, aún atesora su fiereza ancestral. La respuesta de los gobernantes y de algunas fuerzas que los apoyan no ha podido ser más decepcionante ni humillante para aquellos a quienes, desesperados, solo les queda el derecho a gritar. El poder desconoce, al parecer, el enorme esfuerzo realizado por el sector. «Les mandaremos más inspectores», fue la conclusión unánime del sanedrín gubernamental. Y se quedaron tan tranquilos.

El campo se nos muere. Día a día se desangra. Explotaciones inviables con las actuales estructuras de costes e ingresos que drenan la vida y la economía de agricultores y ganaderos. Los precios agrarios, a niveles de veinte años atrás, no dan para cubrir siquiera lo que cuesta su producción. ¿Cómo viven, entonces, las familias que aún están empeñadas en explotar la tierra que hasta ahora los sustentó? Pues endeudándose y empobreciéndose a ojos vistas. Podemos darle todas las vueltas que queramos, pero el dramático problema del campo, hoy, es que los precios bajan mientras que los costes suben y eso no hay ni cuerpo ni bolsillo que lo aguante.

¿Y por qué están los precios tan bajos? La respuesta es compleja y en ella inciden muchos factores: fragmentación de la oferta frente a la concentración del canal de distribución, competencia internacional, mayor nivel de exigencias sanitarias y de calidad en suelo europeo frente a las producciones mucho más económicas de países terceros, costo del euro frente a otras divisas, debilidad política y social del sector y un largo etcétera de razones que, combinadas y catalizadas todas por una sociedad urbana que desconoce y desprecia por completo al mundo rural, están ocasionando la destrucción de un sector imprescindible para nuestro sustento.

También inciden cuestiones sociológicas y culturales. La todopoderosa clase urbana dicta las leyes a sus gustos y maneras, inspiradas por su propio ideario. Así, quiere comer carne, pero odia a las granjas y mataderos. Desea pescado fresco, pero abomina de los pescadores. Quiere cereales, verduras y frutas, pero persigue a los abonos e invernaderos. Exige alta calidad a la producción nacional, pero después compra la foránea porque es más barata. Se lamenta mucho de la España vacía, pero prohíbe minas, canteras, molinos y granjas. Sin rentas agrarias ni alternativa alguna, el mundo urbano solo ofrece al agricultor la posibilidad de convertirse en un afable y folklórico hostelero rural. Las leyes y los debates públicos persiguen a sus costumbres ancestrales, como la caza, la pesca y los toros, tachándolas de salvajes sin ser conscientes de que, con eso, matarán su cultura y vida milenaria.

El campo se muere. O lo quieren matar, que aún es más grave. Pero la vieja leona no se rendirá. Ha decidido luchar y lo hará con coraje y dignidad hasta el final. Se equivoca quien la da por muerta. Y cuidado, cuidado, con la fiera arrinconada.

YA NO QUEREMOS CRECER, PERO NO CONOCEMOS ALTERNATIVA

EsPúblico, 12 de noviembre de 2021

¿Qué nos ocurre? Aturdidos, angustiados, somos incapaces de pergeñar, de imaginar siquiera, un modelo compartido de futuro para la humanidad que conformamos. Hasta ahora lo fue el crecer, el aumentar el bienestar, como base de la libertad y de la justicia social. Pero, en estos tiempos convulsos, ese modelo, eficaz durante dos siglos, ya no nos sirve. De ahí nuestro desconcierto, al menos en lo que a Occidente se refiere.

¿Crecer? Ya no estamos seguro de que el crecimiento de por sí nos proporcione un futuro viable. La Tierra debe tener un límite sostenible e intuimos que sobrepasarlo tendrá graves consecuen-

cias. ¿Más bienestar? El bienestar tiene un pasivo energético. Sin consumo de grandes cantidades de energía, el bienestar, tal y como lo entendemos en Occidente, no resultará posible. Por eso, las corrientes dominantes de pensamiento mundial quieren que viajemos menos, que consumamos local, que no comamos tanta carne. Algunos lo llaman sostenibilidad; otros prefieren, directamente, denominarlo contracción. Y los más radicales, «disminución necesaria de población», que ahí queda dicho lo dicho, por terrible que nos pueda parecer.

Hasta ahora, fue fácil. Casi todas las corrientes filosóficas y políticas compartían una teleología bastante similar, el progreso justo de los habitantes de la nación de la que se formaba parte. Los procedimientos, métodos y organización variaban, pero el objetivo no difería, al menos en teoría: lograr la felicidad de las personas, si bien es cierto que unas corrientes de pensamiento ponían el foco en su realidad individual mientras que otras lo hacían en su ser colectivo. Coincidían en el fin, en el bienestar y en la felicidad, difiriendo en los métodos para alcanzarla. Pero, en todo caso, ambas corrientes aspiraban al crecimiento económico, de infraestructuras, de viviendas, de disponibilidades energéticas y de población. Crecimiento y crecimiento como única medida del éxito colectivo. Y eso es, precisamente, lo que ahora se comienza a poner en solfa.

El bienestar significaba empleo digno, salario adecuado, libertad y derechos, servicios y garantías públicas. Y, por supuesto, alimentación suficiente. Liberales, conservadores, socialdemócratas y partidos diversos de izquierdas y derechas terminaron convergiendo en las democracias parlamentarias, con alternancias de mayorías liberal-conservadoras y socialdemócratas con sus puntuales coaliciones con los partidos representantes de minorías diversas. La famosa afirmación del «fin de la historia» de Fukuyama tuvo cierto sentido enunciativo tras la caída de la hoy extinta Unión Soviética, cuando pareció que no existía otro modelo viable distinto al de las exitosas democracias occidentales. Fue un sueño efímero, como demuestran tanto la involución de algunos países árabes hacia modelos inspirados en la *sharía* medieval, por una parte, como, sobre todo, por otra, el despegue fulgurante de China, con su nuevo modelo, inexplorado hasta el momento, en el que se combina el férreo control político del Partido Comunista con una apertura económica netamente capitalista dentro de unos límites que impone su todopoderoso Gobierno, lo que ha creado un modelo tan aparentemente exitoso como inesperado; al menos, hasta ahora, que el futuro siempre está por escribir. Los vientos de las dinámicas históricas tomaron fuerza de manera vigorosa para hacer bueno el principio del «todo fluye, nada permanece» del sabio Heráclito.

Los valores y el sentir de las gentes de Occidente mutan con velocidad hacia la sostenibilidad, priorizándola frente al crecimiento, tal y como hasta ahora se ha entendido. Apostamos por lo sostenible, envejeciendo y autolimitándonos, mientras que los países asiáticos del Pacífico apuestan por el crecimiento desaforado. Antes, no eran nada. Ahora lo son… y mucho. Así, mientras su estrella asciende fulgurante, la nuestra declina dulce, mansamente.

Al fin y al cabo, es lo que lleva ocurriendo, ineludiblemente, desde el origen de la humanidad. Los imperios siempre decaen. Ibn Jaldún, pensador de origen andalusí del siglo XIV, y considerado como el padre de la sociología, ya afirmó en su obra clásica *Introducción a la historia* que los imperios, una vez alcanzado su esplendor, siembran la semilla de su decadencia. Sus élites se acomodan y su pueblo pierde el vigor guerrero y esforzado, mientras que las gentes bárbaras, más allá de sus fronteras, luchan por sobrevivir y crecer. Al final, inevitablemente, el bárbaro termina invadiendo al civilizado, para poner otra vez en marcha la rueda de la historia. El antiguo bárbaro, una vez poderoso, comenzará a adocenarse, mientras que los nuevos bárbaros, ateridos bajo la luna más allá de la frontera, sueñan con el momento en que el conquistarán las riquezas del nuevo potentado. Así siempre fue y así será por siempre, según nos dicen Ibn Jaldún y, en bastante medida, la propia experiencia histórica.

China quiere dominar el mundo. O, al menos, lo parece. Occidente no sabe lo que quiere, confundido en su propio desconcierto. La Europa conquistadora que desde el siglo xv dominó el mundo asiste impotente a una progresiva pérdida de su peso económico, político y militar, instalada en la lírica, mientras que los emergentes militan en la épica del nuevo conquistador.

Todo nos resulta complejo y confuso. Pero una parte de la humanidad —y en Occidente en mayor grado— parece comenzar a considerar a la humanidad como un peligroso parásito que devora a la Madre Tierra y a su biodiversidad. El inconsciente colectivo nos induce a odiarnos, de alguna manera, por el simple hecho de ser, de consumir, de querer gozar. Lo dicho, un lío, que nos angustia y desconcierta y nos hace sentir mal con nosotros mismos, avergonzándonos de nuestra propia historia. De ahí la enésima reencarnación de la vieja iconoclastia que derrumba estatuas y héroes.

Si así seguimos, nos autodestruiremos, ni siquiera comida llegaremos a tener, por pura asfixia a los sectores productivos. ¿Es lo que queremos? ¿No podemos encontrar un punto de equilibrio que aúne sostenibilidad con actividad y garantía alimentaria, por ejemplo? Creemos que sí. Precisamos de un nuevo pensamiento que otorgue sentido a nuestros esfuerzos colectivos. Pero, por ahora, ni está ni, desgraciadamente, se le espera;

todo leña al mono para el que produce y trabaja en el campo. Pues no nos demoremos demasiado, porque las leyes enunciadas por el bueno de Ibn Jaldún estuvieron ahí, desde siempre, inexorables, para cumplirse, impulsadas por el vendaval de una historia que nunca cesa.

FOODTECH O LA REVOLUCIÓN ALIMENTARIA

The Objective, 11 de mayo de 2022

Después de años de olvido y abandono, la agricultura vuelve a situarse en el foco de la atención pública. El riesgo de desabastecimiento, fruto de las innumerables vicisitudes sufridas estos dos últimos años, pandemia incluida, debería haber advertido a ciudadanos y Gobiernos de la necesidad de garantizar, en cantidad, calidad y salubridad, la alimentación para su población. Desgraciadamente, no ha sido así, al menos hasta el momento. Lo que sí que se ha consolidado son otras tendencias en la sociedad, de manera profunda y firme, como la de la sostenibilidad, la salud, la economía digital y los nuevos hábitos de consumo, que marcarán el tipo de alimentación que demandaremos en el futuro.

Pues, queramos o no, la alimentación nos ocupará, y mucho, en estos próximos tiempos y es bueno que tomemos nota de ello. Y, como no podría ser de otra forma, las nuevas tecnologías llegan, también, para revolucionar sus procesos y conceptos. El concepto *foodtech*, esto es, las más modernas tecnologías aplicadas a todos los eslabones de la cadena alimentaria, promete una nueva revolución verde en la que se aspira a obtener más alimentos con menos insumos y menor repercusión, por tanto, en la sostenibilidad del planeta. Hasta ahí, de acuerdo todos, prometedor nos parece.

El concepto *foodtech* se sustenta en tres patas. La más importante, sin duda, la tecnológica, la real palanca de transformación. La segunda, la de la inversión necesaria para poner en marcha costosísimos proyectos de investigación. La tercera, los valores y tendencias sociales a los que sirve. La mezcla de todo ello —necesidad alimentaria, dinámicas sociales y económicas, posibilidades tecnológicas— ha hecho surgir con fuerza el *foodtech*, el conjunto de las innovaciones, a veces disruptivas, que se aplican a toda la cadena alimentaria, desde el campo al consumidor, pasando por la distribución, manipulación y restauración, terminando por el reciclaje de los desperdicios. Según lo define Beatriz Romanos, autora del imprescindible libro *Foodtech* (LID, 2022), «La industria *foodtech* es un ecosistema de *startups* y organizaciones que, mediante la aplicación de tecnología y biotecnología en los diferentes segmentos de la cadena agroalimentaria, busca crear productos, servicios y modelos de negocio altamente innovadores o disruptivos para mejorar la seguridad, accesibilidad, eficiencia, resiliencia y sostenibilidad del sistema alimentario».

Las innovaciones se consiguen mediante la convergencia y convivencia de las nuevas tecnologías digitales, biotecnológicas, biológicas y de automatización o robotización, por citar algunas de las más punteras. Así, la inteligencia artificial (IA), el Internet de las cosas (IoT), el *big data*, la impresión 3D, la robótica, la *blockchain* y el conjunto de tecnologías biotecnológicas y genéticas, entre otras, impulsarán la gran transformación alimentaria por venir. El *foodtech* llega, pues, para revolucionarlo todo; bienvenido sea, pero con las debidas cautelas y precauciones que adoptar, algunas de las cuales comentaremos en estas líneas.

La tecnología transformará toda la cadena alimentaria, desde su propio origen. Con la *agtech*, por ejemplo, la agricultura tecnológica, los drones y robots recolectarán los frutos en su estado óptimo de maduración, todo ello gobernado por la IA, que determinará faenas y gobernará maquinarias y riegos. Gracias a la tecnología, se espera obtener mayores cosechas al tiempo que se reduce el uso de pesticidas y fertilizantes en un 30 %. La agricultura y ganadería realizada en el campo también se beneficiará de los avances tecnológicos y reforzará su rendimiento, bajo los valores de salud y sostenibilidad.

La revolución *foodtech* supondrá que parte de la producción primaria pase del campo al laboratorio industrial, donde los biorreactores, la fermentación controlada, los cultivos en vertical y la biotecnología serán los grandes protagonistas. Con las nuevas técnicas, se podrán consumir masivamente los insectos y se podrá fabricar carne con base de proteínas vegetales (*plant-based*) o a partir de cultivos celulares (*cell-based*). En algunos países, como Singapur o Catar, ya se comercializan las famosas hamburguesas de carne alternativa. A partir del cultivo de células animales se obtienen sucedáneos de la carne, el pescado, los huevos o los lácteos. Las novísimas tecnologías de fermentación se presentan como la nueva alquimia para la obtención de proteínas.

Atención, que nos parecen alternativas dignas y oportunas siempre que no pretendan atacar a la ganadería actual con prohibiciones y limitaciones. Nuestra tesis es que, bien hecho, podría convivir la carne *tech* con la tradicional, con toda naturalidad, en sana competencia, enriqueciendo dietas y alternativas. El *foodtech* no debe contraponerse con la agricultura y ganadería en el campo, sino que debe reforzarla y apoyarla. Ojalá fuera esa la intención de los promotores de la carne de laboratorio. Porque, peligro, peligro, estas nuevas fuentes *tech* de producción de proteínas pretenden, según la autora, sacar a los animales de la ecuación alimentaria. Atención, que aquí viene uno de mis fuertes reparos a lo que hay detrás de la carne *tech*, porque la ganadería debe seguir proporcionando proteína de calidad a la humanidad.

Pero sigamos con lo mucho de positivo que encierra el concepto *foodtech*. Las innovaciones tecnológicas también modificarán y optimizarán la cadena de distribución, *delivery*, *dark kitchens*, supermercados y restaurantes. La alimentación personalizada, a partir de test genéticos o de bioma, se presenta como otro reto para el concepto *foodtech*. Mil y una innovaciones disruptivas nos aguardan para asombro de propios y extraños y debemos recibirlas con esperanza y asombro.

La segunda pata, como veíamos, es la financiera. Las nuevas tecnologías alimentarias precisan de fuertes inversiones para su investigación y desarrollo. El *foodtech* es percibido por muchos inversores como el nuevo internet, por lo que acuden a financiar las *startups* tecnológicas y biológicas con la esperanza de obtener fuertes plusvalías. El sector mueve ya muchos miles de millones de dólares y se convierte en el oscuro objeto del deseo de fondos y de financieros varios, muchos procedentes de las fortunas tecnológicas.

Y la tercera, la referente a las dinámicas sociales de valores y gustos, donde lo saludable y lo sostenible lucen como protagonistas indiscutibles.

También el vegetarianismo, los valores de bienestar animal y los criterios dietéticos tendrán una influencia determinante en los enfoques y tendencias *foodtech*. Queda por ver la influencia que tendrán en la regulación pública, que también tendrá mucho que decir en lo que comeremos y en cómo lo haremos. Esperemos que acierten y que atemperen su tendencia a la hiperregulación y a la imposición de verdades a la moda.

Las innovaciones en alimentación deben ser bienvenidas, pues garantizarán el suministro a una población, hasta ahora, creciente. Pero, para que tengan éxito, serán precisas varias cautelas. La primera, y la más obvia e importante, la de la seguridad y salud alimentaria. Ningún alimento *tech* debe ser comercializado sin las adecuadas garantías para la salud humana; los procedentes de procesos biotecnológicos deben ser especialmente revisados y controlados, en tiempo y forma, pues es materia sensible. La segunda, la aceptación del público. Comer carne de procedencia vegetal o de cultivo celular puede producir el rechazo de muchos consumidores, por no hablar de insectos y demás fuentes alternativas de proteínas. El sistema no debe forzar al consumidor, sino que debe garantizar su libertad de elección. Que cada uno coma lo que desee. El tiempo, los costes y la salud pondrán a cada uno en su sitio y marcarán la tendencia de los mercados y consumos. La tercera, no se debe entrar en la lucha cainita de buenos y malos. Comerse una hamburguesa de origen vegetal está muy bien; hacerlo con una de origen animal, también. Observamos con preocupación cómo, desde ciertos ámbitos sociales y políticos, se demoniza al sector de la carne, por ejemplo. Creemos que en el futuro el concepto *foodtech* puede, y debe, desarrollarse en convivencia con la alimentación tradicional. La alimentación no debe convertirse en campo de batalla ideológica ni política y, para conseguirlo, no existe otro antídoto más eficaz que el del respeto y la libertad. Ojalá que la cultura de la cancelación no termine contaminando un mundo de posibilidades que debería unirnos a todos.

No sabemos cómo será el futuro. Ni siquiera si la población humana continuará creciendo al ritmo estimado hasta ahora. Pero sí sabemos que será precisa la producción de ingentes cantidades de alimentos y que el *foodtech* está ahí para ayudar a conseguirlo. Con las cautelas expuestas, bienvenido sea el mundo de la tecnología a una agricultura que, desde siempre, apostó por la innovación y la modernización.

LA VENGANZA DEL CAMPO (III)

The Objective, 7 de junio de 2022

La venganza del campo. Tarde o temprano, tenía que llegar y, desgraciadamente, ya está aquí. Ya anticipamos hace años y bajo ese mismo título las insuficiencias alimentarias por venir. No hacía falta ser un genio para vislumbrar que, algún día, la agricultura se vengaría de una sociedad urbana que la ridiculizó y minusvaloró. Y, como no podía ser de otra forma, el campo comienza a resarcirse de quienes, durante décadas, lo despreciaron e ignoraron. La agricultura, vejada por la sociedad urbana posmoderna, soberbia y altiva, languidecía aplastada por bajos precios, envejecimiento y olvido. Avisamos, advertimos. Garantizar la alimentación era nuestro primer deber, pero nadie escuchó la voz sensata de quienes reivindicaron el papel indispensable de los agricultores como productores de los alimentos que nos permiten vivir. Y, al modo bíblico, la venganza ha tomado forma de escasez de alimentos, con el riesgo de hambruna en los países pobres.

Todos los días leemos con inquietud los titulares de prensa. El trigo ucraniano se pierde sin poder salir de puerto, la India prohíbe la exportación de trigo; Camboya y Vietnam, la de arroz; entre otros muchos dislates. ¿Qué ocurre? ¿Si hasta ayer sobraban alimentos, por qué parecen faltar ahora? Vayamos por partes. La escasez alimentaria, ¿se debe a problemas agronómicos? ¿Es que la agricultura y la ganadería son incapaces de abastecer la demanda mundial? No, en absoluto. En condiciones normales, sin restricciones comerciales, aduaneras y arancelarias, la producción mundial de alimentos bastaría y sobraría para suministrar suficiente comida, en cantidad y calidad, como para abastecer a la, todavía, creciente población mundial. ¿Cuál es entonces el problema? El problema no radica en la insuficiente producción agraria, sino en los desajustes que se producen en su distribución global. Y no nos referimos a desajustes climáticos, de plagas o de insuficiencia hídrica —que afectan indudablemente—, sino a los más determinantes de ellos, a los desajustes producidos tanto por el derrumbe de la globalización, como hasta ahora la entendíamos, como por el uso de la alimentación como arma geopolítica.

Tras la caída del muro de Berlín, la globalización y la revolución tecnológica —entonces se denominaba así— fueron las líneas fuerza que rigieron la política y la economía mundial. La transformación digital aún acelera su marcha, pero la globalización, tal y como fue diseñada en los años 90, ha terminado abruptamente. Fue en el mandato de Trump cuando las fuerzas pensantes de EE. UU. se percataron de que las reglas globalizadoras de fronteras abiertas y libre mercado de bienes y servicios favorecían a China. Por eso, decidieron cambiarlas y regresar a políticas proteccionistas que creíamos por siempre periclitadas. La Administración Biden continuó con la nueva doctrina. Además, consideraron abiertamente a China como un rival y acusaron a sus tecnológicas de espionaje. El episodio con Huawei fue revelador del juego recíproco de desconfianzas. Ya no nos fiamos los unos de los otros, por lo que los mercados tecnológicos se fraccionarán en los bloques recíprocos en los que cada uno se encuentre. El reciente tortazo en las cotizaciones de las tecnológicas se debe, al menos en parte, a la constatación de que el mercado potencial de usuarios ya no son los 7500 millones de habitantes del planeta, sino muchísimos menos, dado que miles de millones de personas serán excluidas de sus posibilidades comerciales. La globalización de fronteras abiertas ha finalizado y eso genera constantes y cambiantes desajustes en el comercio mundial, acostumbrado como estaba al perfecto engranaje de relojería de un mundo global y de fronteras abiertas. Veníamos de un sistema equilibrado y eficiente y nos adentramos en uno de perfiles inciertos e insospechados. Hasta que se alcance un nuevo equilibrio, se producirán desajustes, hoy de microchips, mañana de contenedores, pasado mañana de determinados alimentos; el otro, quién sabe.

Pandemias y guerras agravan el grave desajuste que sufre un mercado mundial en el que la oferta ya no casa con facilidad con la demanda. Aquel eficiente engranaje del mundo global se ha averiado y, mientras no consigamos un nuevo equilibrio global, los desajustes continuarán para desesperanza de fabricantes y consumidores.

El comercio mundial de alimentos se benefició de la globalización, pues las producciones agrarias se distribuían eficientemente desde los países productores especializados, con un costo de transporte barato debido a los bajos cotizaciones de petróleo y fletes, que permitían precios internacionales muy ajustados, malos para los agricultores, pero buenos para los consumidores. Si a ese hecho unimos la desproporción de la fuerza negociadora de los mercados agrarios, causada por una distribución concentrada y unos agricultores dispersos, tenemos como resultado unos precios de los alimentos históricamente bajos. La globalización facilitó que el peso de la alimentación en la cesta de la compra bajara hasta unos mínimos desconocidos hasta la fecha. Ese hecho, en principio positivo para la sociedad, tuvo una grave consecuencia: la descapitalización, cuando no el empobrecimiento, de los agricultores, que vieron cómo sus ingresos disminuían mientras que sus costos se incrementaban año a año, sin que a nadie pareciera importarle su agonía. Por el contrario, eran acusados por los urbanitas de vivir de las subvenciones y de contaminar el medio ambiente con abonos, roturaciones, invernaderos y granjas.

La sociedad urbana dominante vivía por completo de espaldas a la agricultura. De hecho, la despreciaba, al creer, de forma irresponsable, que los alimentos eran algo que espontáneamente aparecía en los anaqueles de los supermercados. Vivía en la abundancia barata de alimentos y escuchaba aquello de que los agricultores parasitaban los presupuestos PAC, generando excedentes. La agricultura se devaluó social y políticamente hasta tal punto que el Gobierno de Zapatero le quitó el nombre al ministerio para asociarlo tan solo al medio ambiente, tan molón para esa sociedad urbana que quería un campo limpio para pasear los fines de semana. Como ya dijimos, los tractores, naves, granjas, silos, invernaderos y demás instalaciones agrarias y ganaderas molestaban para el paseo dominguero. Querían agricultores pintorescos y folklóricos, acordes con su mundo rural idealizado, pero no que trabajaran arduamente en producir alimentos, su finalidad esencial.

Y, ahora que truena, nos acordamos de santa Bárbara. Basta que los desajustes en el mercado hayan causado subidas importantes de las cotizaciones agrarias, e incluso rumores de desabastecimiento, para que se clame por garantizar los suministros alimenticios. Afortunadamente, los agricultores conocen bien su oficio y se afanarán por abastecer a una sociedad que, por vez primera en años, debería volver hacia ellos sus ojos para tratarlos con respeto y dignidad. Desgraciadamente, no ha sido así. En España es poco probable que suframos desabastecimiento, pero sí experimentaremos, como el resto del mundo, una significativa subida de precios.

La alimentación, pues, con toda seguridad, va a subir a corto plazo. El encarecimiento de los transportes, la huella de CO_2, los crecientes requisitos en seguridad alimentaria, los desajustes comentados y el plus que pagar por la garantía de suministro harán que, por un tiempo, tengamos que acostumbrarnos a alimentos más caros de los que hemos disfrutado estas tres últimas décadas. Este encarecimiento de los productos agrarios puede tener graves consecuencias para países pobres y deficitarios, por lo que se tendrá que habilitar algún mecanismo internacional para evitar las hambrunas. En los países desarrollados, la alimentación pesará más en la cesta de la compra, lo que, en estos momentos inflacionarios, en los que los precios suben más que los salarios, supondrá un enorme esfuerzo para las familias con salarios más bajos. Nos habíamos acostumbrado a precios agrarios históricamente bajos y las subidas llegan en el momento más inoportuno.

Mientras el mundo no alcance un nuevo equilibrio, se producirán los desajustes tantas veces comentados. Y ese equilibrio tardará en alcanzarse, toda vez que el pulso EE. UU.-China ya ha comenzado y se prolongará por un tiempo. Si a esos desajustes unimos las acciones gubernamentales interviniendo mercados y prohibiendo exportaciones para proteger producción y precios, aún se complicará en mayor medida la redistribución alimentaria.

Todo lo anteriormente expuesto explica los crecientes precios agrarios y la dificultad de garantizar la regularidad en el suministro. Hasta ahora, tres eran los factores críticos para el comercio agrario: la temporada, la calidad y el precio. En el concepto calidad se incluían lo saludable, lo sostenible, lo ecológico y demás. A partir de ahora, y de forma muy destacada, habrá que incluir la garantía de suministro. Los grandes clientes estarán dispuestos a pagar un poco más a quien le garantice un suministro estable y seguro a los precios y calidades acordadas. Esta nueva variable modificará los equilibrios de los mercados a favor de los productores y sus agrupaciones, que serán recompensadas con mejores precios.

Y, por si fuera poco, la alimentación será considerada como un arma geopolítica más, lo que forzará a los bloques a disponer de reservas estratégicas en previsión de posibles carencias. El acumular estas reservas cebará, aún más, los desajustes entre oferta y demanda tantas veces reseñados en estas líneas.

La alimentación adquiere, pues, auténtico protagonismo internacional. Y en Europa tenemos una oportunidad en estos momentos en los que se está negociando la nueva PAC, que deberá ser sensible a la novedosa realidad que nos desborda. Además de las prioridades de seguridad y calidad alimentaria y del fomento del desarrollo local, tendrá que introducir los principios de garantía de suministro y reservas estratégicas, lo que significará, de alguna manera, una reorientación productivista, después de haber primado durante décadas el abandono de tierra para luchar contra los excedentes. Los fondos de inversión agraria y los nuevos conceptos de *food-tech* también llamarán a la puerta de la PAC, pero no parecen estar por ahora invitados a la fiesta.

Los profesionales agrarios —agricultores, técnicos e investigadores— estarán, a buen seguro, al nivel de responsabilidad que se les exige. Las carencias no se deberán a ellos. Los desajustes en un mundo que aún tardará en asentarse ante los vaivenes del siglo serán los auténticos responsables del desaguisado. La venganza del campo era segura y ya la tenemos entre nosotros.

VENERAR LO NATURAL, ODIAR LO HUMANO

The Objective, 3 de noviembre de 2022

La humanidad ya dejó de amarse. De hecho, al menos en parte, comienza a considerarse como parásito del planeta, como un cáncer agresivo que amenaza con corroer los delicados y complejos equilibrios de la vida en el planeta. Nos sabemos parte de la naturaleza y comenzamos a aspirar a vivir en armonía con ella. El Renacimiento nos puso en el centro y ahora, en la mayor revolución que vieron los siglos, nos autorrelegamos para comenzar a adorar a lo natural. Del Dios que todo lo ocupaba durante el medioevo pasamos, después, al Hombre como protagonista absoluto. Ahora, cedemos el relevo a la naturaleza como objeto de culto y postración, en un regreso al panteísmo ancestral.

Quizás usted no participe de estas palabras, pero debe ser consciente de que sí lo hace una mayoría de la sociedad posturbana que configuramos. Por tanto, podemos conjugar el *nos* sin riesgo a equivocarnos. No importa tanto, a efectos de esta reflexión, lo que usted o yo pensemos, lo importante es reconocer la dinámica imparable en la que la humanidad está inmersa. Que los tiempos cambian y las prioridades y sentimientos sociales también, como bien nos demuestra la historia. Y, por una causa y otra, vamos poniendo a lo natural como centro de nuestras atenciones. ¿Bueno, malo? Pues, como siempre ocurre, dependerá del grado. Como aspiración tendencial, está bien; como radicalidad, supondrá dolor y muerte. Por ejemplo, algunas posturas radicales proponen severas políticas de disminución de la población mundial, solo Dios sabe mediante qué mecanismos. Otros preferirán que el bosque avance a que las personas puedan comer. Se trata de posturas extremas con las que no podremos coincidir, porque haríamos bueno, entonces, aquello achacado a Chesterton de que dondequiera que se adora a los animales se sacrifica a los hombres; malo, malo. Debemos, por supuesto, aspirar al equilibrio sostenible, que conllevaría amar a la naturaleza sin llegar a odiar a la humanidad. Ni nosotros somos tan malos ni en la naturaleza todo es paz y amor, como al modo Disney tantas veces nos pintan.

Escribo estas líneas al finalizar la lectura del ensayo *La hora del lobo* (Almuzara, 2022), de Lars Berge. En 2012, en el parque zoológico de Kolmarden, una manada de lobos socializados mató a Karolina, la cuidadora que los atendía desde cachorros y que los había criado con biberón. Tras años de concienciación ciudadana sobre la bondad del lobo y su carácter indefenso para los humanos, aquel acontecimiento conmocionó a la biempensante sociedad sueca, que había idealizado por completo a la naturaleza y a los animales que la habitaban, generando un vivo debate sobre los límites de la relación posible entre humanos y la fauna salvaje. A lo largo de la obra, el autor reitera una idea aparentemente obvia: los lobos, como otras fieras, no son ni buenos ni malos, son simplemente grandes depredadores sometidos a los impulsos genéticos y a unas leyes sociales de manada muy condicionantes. Se trata de una obra que nos hace reflexionar sobre la relación de la humanidad con la naturaleza y con los animales. También, de alguna manera, sobre el papel que los zoológicos juegan en nuestros días. Amados por unos y denostados por otros, las instituciones zoológicas han evolucionado a lo largo de décadas para centrarse en la actualidad en tareas de conservación e investigación, además de las formativas y de entretenimiento tradicionales.

Casualmente, esa misma semana acababa de visitar la Reserva Africana de Sigean, situada quince kilómetros al sur de Narbona, en Francia. Se trata de un extenso parque natural que aprovechó unas antiguas salinas para crear grandes embalses de agua, muy concurridos por aves acuáticas, tanto permanentes como de invernada. Creado en 1974, recoge el exitoso modelo de los extensos parques en los que se puede observar a los animales en semilibertad, en grandes espacios, desde el propio automóvil. Visita agradable, práctica y directa, en la que imponía, por ejemplo, el ver pastar a los rinocerontes blancos a escasos metros de nuestro vehículo o la nota colorida del rosa ondulante de los flamencos en la orilla de uno de sus lagos.

Este concepto de poder ver a los animales salvajes en su «ambiente natural» fue llevado a cabo, por vez primera, por el singular zoólogo y domador de fieras alemán Carl Hagenbeck, que, en 1896, patentó la innovación titulada «panorama de las ciencias naturales», idea que llevaría a cabo a partir de 1907 con el *tierpark* de Stellingen, en las cercanías de Hamburgo: una especie de zoológico sin barrotes ni jaulas que ofrecía a los visitantes el poder observar a los animales en espacios algo más abiertos que recreaban sus ecosistemas naturales, delimitados por fosos y no por asfixiantes cercas metálicas. Aquella primera experiencia de cercanía con la fauna inspiró los sucesivos parques zoológicos, hasta llegar a los de nuestros días, en los que se aprecia una auténtica obsesión por el bienestar animal. Ya no se pondera el valor de mostrar a las fieras enjauladas y previamente sustraídas de su entorno natural, sino que refuerzan los valores de conservación, educación, investigación y ocio responsable.

¿Tienen sentido los zoológicos hoy? Durante siglos, supusieron el contacto de la sociedad urbana con la fauna salvaje y exótica, bien es cierto que con el alto coste de la libertad de unos animales arrancados de su familia, manada y ecosistema para ser encerrados de por vida tras unos barrotes crueles. Su mirada ausente y melancólica mostraba el dolor que atesoraban. La nueva concepción de parque natural, más abierto y con la norma deontológica y legal de mostrar solo animales nacidos en zoológicos y no atrapados en la naturaleza, supuso y supone un gran salto hacia fórmulas más razonables.

Recuerdo la impresión que me causó en mi infancia el visitar el muy popular en sus días Autosafari Andaluz, situado en San Roque, Cádiz. La visión de los grandes herbívoros africanos en libertad nos hacía pegar, encantados, nuestros rostros a las ventanillas del coche. El parque cerró en 1982, pero algunos animales lograron escapar y adaptarse al ecosistema de las sierras circundantes. Especialmente llamativo fue el caso de los papiones, que durante décadas vagaron en libertad hasta finalmente ser capturados y conducidos al zoo de Castellar. Otras iniciativas, como Selwo, tomaron el relevo de esta forma más amable de dar a conocer la fauna del mundo que podemos encontrar en multitud de países, con éxito de crítica y público.

Dado que la sociedad está cada vez más sensibilizada por la cuestión animalista, veremos cuál será el futuro de los parques zoológicos. Asistiremos, sin duda, a vivos debates impulsados por el activismo animalista, que, salvo que haya escasez de alimento, seguirá reforzándose y acometiendo acciones más osadas y agresivas. Resultará de especial interés el cómo resolvemos el conflicto generado por los derechos que queremos otorgar a los animales con la necesidad que tenemos de sacrificarlos para alimentarnos.

La sociedad netamente urbana de nuestros días impone sus gustos y creencias, ignorando y despreciando por completo las tradiciones y modos de vida de un mundo rural que desaparece ante nuestras narices. La sociedad urbana asocia directamente campo con naturaleza, por lo que le molesta cuanta actividad económica se pueda desarrollar sobre ella, ya sea agricultura, ganadería, explotación forestal, energética o minera. Al idealizar la naturaleza, detesta cualquier actividad humana sobre ella, lo que condena al menguante mundo rural que aún sobrevive.

Las sucesivas leyes de bienestar animal, aprobadas con amplias mayorías, han culminado, por ahora, en la recientemente aprobada Ley de Derechos Animales, enmendada a última hora por el grupo socialista para que los perros de caza quedaran excluidos de sus obligaciones. Nos parece razonable esa excepción, ya que lo contrario significaría condenar a muerte a las formas de caza más tradicionales, lo que supondría una injusticia y un gran error.

¿Debemos otorgar derechos a los animales? Sin duda alguna. El asunto será encontrar el punto de equilibrio entre esos derechos animales y las necesidades humanas. Y, visto lo visto, no resulta fácil conseguirlo. Los animales, en la legislación tradicional, fueron simplemente cosas, con las que su propietario podía hacer lo que quisiese. No cabe duda de que la opinión y el sentir de la mayoría de la sociedad actual se ha sensibilizado, afortunadamente, con respecto a la vida animal, tanto la doméstica como la salvaje. La sabiduría residirá en saber encontrar la justa medida entre animales, naturaleza y humanidad, tema del todo fundamental donde nos jugamos la forma de ser y estar en el planeta. Queremos más y mejor naturaleza, sin que ello signifique odiar y castigar cuanta actividad humana precisemos para nuestro desarrollo.

Afortunadamente, el aullido del lobo vuelve a escucharse en los montes españoles. Las leyes que los protegen son necesarias y positivas para nuestros ecosistemas. Pero esta protección podría convivir con ciertos permisos para cazarlos en aquellos lugares con sobrepoblación o daños excesivos al ganado o ataques a las personas, que también llegarán, porque es ley de vida. Como siempre, la clave es encontrar el punto de equilibrio entre la necesaria protección tanto del lobo como de los modos de vida de los ganaderos que aún pastorean sus rebaños. Pero bien está lo que está bien: tanto el lobo como el oso merecían la protección que les hemos otorgado. Pero, atención, no los idealicemos tampoco. No olvidemos la enseñanza del libro de *La hora del lobo,* anteriormente reseñado. Los lobos no son ni buenos ni malos, simplemente son grandes depredadores que harán todo lo que tengan que hacer para sobrevivir… exactamente igual que finalmente harán esos humanos a los que, paradójicamente, hemos comenzado a odiar.

PRECIOS, LA VENGANZA DEL CAMPO

The Objective, 26 de enero de 2023

Desayuno en el Hotel Cortijo Santa Cruz, en Villanueva de la Serena, Badajoz, adonde acudí para pronunciar una conferencia —«La agricultura en tiempos de complejidad»— en el seno de las XVI Jornadas Técnicas de ACOPAEX, una gran cooperativa de segundo grado. Mientras tomo el café, las noticias de la televisión hablan de la fuerte subida de los alimentos en toda Europa. Los consumidores protestan, los Gobiernos se inquietan. Todos, en parte significativa al menos, culpabilizan a la cesta de la compra de la inflación que los atormenta. Dominado el potro salvaje del petróleo y el gas, solo los irredentos alimentos, argumentan, ceban el amenazante ascenso de precios. Los portavoces de algunas organizaciones y partidos, con voz agria y arrogante, exigen, incluso, que se intervengan los mercados y que se pongan límites a los precios de los alimentos básicos, que, a la hora de la verdad, son casi todos ellos. Otros responsabilizan a especuladores y cadenas de distribución, a los que quieren criminalizar. Sin embargo, no escucho ninguna autocrítica, de autoridad alguna, por el cómo hemos podido llegar hasta aquí. La culpa, como es habitual, siempre es de los demás.

Toda la cadena alimentaria, desde el agricultor hasta los supermercados, está bajo sospecha para una sociedad urbana acostumbrada a precios ridículos. Por eso protestan y cargan contra todo lo que se mueve en el ámbito alimentario. Gritan airados, con convicción y deseo —dicen— de justicia. Sin embargo, nada dijeron cuando los precios, hundidos durante años, arruinaban a agricultores y convertían su actividad en un mero ejercicio de subsistencia. Por el contrario, murmuraron entonces contra los agricultores, ganaderos y pescadores, por atentar —según su versión— contra el medio ambiente y vivir como parásitos de las subvenciones de la PAC. Y mientras que la sociedad urbana —la que manda, la que vota, la que impone imaginarios— los despreciaba, las clarividentes autoridades comunitarias animaban al abandono de tierras y a la disminución de cupos pesqueros y ganaderos. Y, por si fuera poco, se dificultaba extraordinariamente la actividad, cuando no se prohibía directamente, de granjas, invernaderos, regadíos, trasvases, silos, mataderos o piscifactorías, por citar tan solo algunos ejemplos de infraestructuras agrarias. Para la sociedad urbana, las inversiones en el campo eran rechazables, atentaban contra su idea de naturaleza. Brillantes, los chicos. Y, al final, como no podía ser de otra forma, pasó lo que tenía que pasar: la producción bajó y los precios subieron en consecuencia. Es cierto que la sequía ha restado producción, pero también lo es que la agricultura lleva olvidada y relegada demasiados años ya. La venganza del campo ha llegado para quedarse por un tiempo, al menos hasta que no logremos implantar las medidas necesarias para garantizar la seguridad alimentaria, en cantidad y calidad, que pasa por dar un giro que garantice la producción y que permita una renta digna a los agricultores. Si estos no ganan con sus cultivos, no plantarán ni invertirán. Y, si no se autorizan sus inversiones, y si encima se premia la baja producción, la venganza no hará sino acentuarse.

Ya lo advertimos hace tiempo. Que el campo, olvidado por una sociedad urbana, soberbia y prepotente, terminaría vengándose, al modo bíblico, con la cruel carestía y encarecimiento de los alimentos. Ya la tenemos aquí, y de nosotros depende, el que se marche o el que se instale para fustigar a esta perpleja sociedad urbana que llegó a creerse que la comida aparecía, barata y sana, por generación espontánea, en los anaqueles de los supermercados.

La televisión pasa entonces a otros asuntos y me desentiendo de su sonido monocorde. Apuro el café y comienzo a escribir estas líneas, inspiradas en las ideas que expuse en las jornadas técnicas celebradas el día anterior en el Palacio de Congresos de Villanueva de la Serena, inauguradas por su alcalde Miguel Ángel Gallardo y por el del vecino de Don Benito José Luis Quintana. Ambos municipios están inmersos en una inédita y positiva fusión que dará lugar a Vegas Altas, la nueva ciudad que los integra. Desde estas líneas deseamos que el proyecto concluya con éxito, ya que beneficiará a sus ciudadanos y servirá de ejemplo a todo un país acostumbrado al desgarro y a la separación.

La primera razón del aparente riesgo de desabastecimiento tiene raíz geopolítica. Desde que EE. UU. decidió poner fin a la globalización tal y como se conoció desde los 90, tras la caída del muro de Berlín, las trabas burocráticas, los aranceles y los recelos recíprocos han provocado desajustes de diversas naturaleza e intensidad. La globalización consiguió un mecanismo muy eficiente de intercambio de mercancías global, que favoreció la producción especializada y las economías de escala. En consecuencia, los precios permanecieron asombrosamente bajos durante más de dos décadas. China, la gran ganadora con ese modelo de globalización, amenazaba la primacía americana y occidental, lo que generó la reacción conocida. La globalización, tal y como la conocimos, ha dejado de existir y los desajustes impedirán el eficiente mecanismo comercial que disfrutamos años atrás. Estamos asistiendo al inicio de una guerra que no hará sino dificultar la libre circulación de mercancías y productos. Si a eso se le suman las restricciones sanitarias, la consecuencia es obvia: fallan las cadenas de suministro. Por eso, un día faltan contenedores, otro los microchips y el de más allá los alimentos. Dado que es probable que la tensión se incremente durante los próximos años, la tensión en los abastecimientos perdurará, con el consiguiente encarecimiento de los precios. Precios de los productos agrarios y de los insumos necesarios para producirlos, todo un reto. Los alimentos subirán para el consumidor sin que, necesariamente, los agricultores incrementen proporcionalmente su renta neta.

La segunda razón de la previsible y sostenida subida de precios agrarios deriva de la ausencia de una política agraria orientada a la producción de los alimentos que precisamos. Durante décadas, la PAC, la Política Agraria Común, ha incentivado el abandono de tierras y el tránsito de una agricultura productivista a una ecológica. Sin entrar en debate, dado que nos parece bien el avance de lo ecológico, la consecuencia de estas políticas era inevitable: menos alimentos y más caros. Hasta ahora, las masivas importaciones mantuvieron los precios a raya, pero los desajustes de la desglobalización, antes comentados, han reducido los efectos equilibradores de los alimentos baratos procedentes de terceros países.

La sociedad urbana, como decíamos, desprecia a la agricultura, a la ganadería y a la pesca, al menos en sus vertientes productivistas. Como no le daba importancia a los alimentos, quería una naturaleza prística para pasear los fines de semana, por lo que le molestaban la labranza, los invernaderos, las granjas o los regadíos. El factor sostenibilidad —que todos compartimos, por supuesto— se contraponía abiertamente y erróneamente con el de la producción. Consecuencia: menos alimentos y, por tanto, más caros. La sociedad urbana, pues, que tanto protesta ante la subida de los precios agrarios, es una de sus principales causantes, al haber creado un imaginario contrario a la producción primaria.

Los principios antiproductivistas se encuentran firmemente enraizados en nuestra sociedad urbana y sus instituciones. Así, la nueva PAC, a pesar del riesgo de desabastecimiento, vuelve a cargar contra la producción agraria, limitando abonos y fitosanitarios, por ejemplo. Además, complica extraordinariamente procedimientos y burocracias. Consecuencia: habrá menos alimentos y serán más caros.

Todo confabula para que el coste de la cesta de la compra continúe su ascenso. Visto lo visto, la situación no tiene fácil arreglo. La sociedad urbana y sus leyes limitan la producción agraria, pero, al tiempo, se protesta por el consiguiente incremento de precios. Ya sabemos que no se puede sorber y soplar al tiempo y tendremos que decidir si queremos garantizar nuestros alimentos o si preferimos seguir ignorando la realidad agrícola, embelesados por nuestros idearios urbanos.

Agricultores, técnicos, empresas suministradoras y cooperativas han demostrado su alta capacidad de adaptación a los tiempos, a las nuevas técnicas y enfoques. Comparten las deseables prácticas que mejoran la salubridad y sostenibilidad, pero desean producir alimentos, con todas las condiciones de calidad que sean menester. Por eso, la sociedad tendrá que volver sus ojos hacia ellos, comprender sus inquietudes y ayudarlos en su trascendente tarea de producir la comida que precisamos para vivir. No lo olvidemos: los agricultores no trabajan solo para garantizar el pan de sus hijos, sino que trabajan, también, para conseguir el pan de los hijos de todos los demás.

¿QUIÉN QUIERE TRABAJAR EN EL CAMPO?

The Objective, 23 de marzo de 2023

«¿Estudias o trabajas?», la manoseada fórmula de acercamiento y primer contacto de los ochenta y noventa, más allá de suponer una manera cómoda y socorrida de romper el hielo, encerraba una honda sociología, atávica y popular. Existían carreras, oficios y profesiones que resultaban más atractivas que otras y que, por lo tanto, incrementaban sus posibilidades de éxito relacional, denominémoslo así.

En efecto, el trabajo cohesiona y estructura las sociedades humanas desde el origen de nuestra especie. Los oficios, empleos y quehaceres fueron mutando al compás de la propia evolución de la sociedad. Y así ocurrió desde siempre, para siempre. Desde los ancestrales cazadores, talladores de piedra o curtidores de pieles hasta los actuales gestores de *blockchain*, criptomonedas y bases de datos, los trabajos fueron cambiando, mientras mantenían, al tiempo, el mismo propósito esencial, el de atender y satisfacer demandas de la sociedad. Ayer la caza del mamut, hoy la caza inteligente del dato, dos labores bien distintas, pero acordes con las prioridades y necesidades de las respectivas sociedades, bien diferentes entre sí. Los empleos siempre mutaron, aunque es ahora cuando la velocidad de los cambios crece exponencialmente, al punto de que cada año descubrimos nuevos oficios, bien pagados, que desconocíamos por completo apenas unos meses antes. Trabajos atractivos y trabajos no tan atractivos, como los agrarios, por ejemplo, para una sociedad que, sin ser consciente de ello, los precisa de manera especial.

Hará un mes participé como profesor en la v edición del MBA Excellence de la Cámara de Comercio de Oviedo. Reflexioné con los alumnos acerca de las habilidades directivas y de la sabiduría para el nuevo liderazgo empresarial. Sus aspiraciones se centraban en tecnologías, logística y servicios varios, impulsados por una sana ambición de crecimiento personal y profesional y, cómo no, orientados hacia los sectores con más potencial de crecimiento. Al día siguiente, aprovechando mi estancia en Oviedo, visité dos edificios de importancia destacada en la historia asturiana y española que aún no conocía, las bellísimas iglesias de Santa María del Naranco y San Miguel de Lillo, situadas a las afueras de Oviedo, en las faldas del monte Naranco. Decidí caminar y hube de transitar por caminos rurales, rodeados por los clásicos prados verdes, cercados por muros de piedra, que lucían hermosos, pero con un triste halo de melancolía. ¿Por qué? Pues porque se encontraban vacíos, huérfanos de esas vacas que tradicionalmente pastaron en las praderas asturianas.

Recorrer las carreteras cantábricas, además del disfrute de sus paisajes, significaba tradicionalmente el encuentro con una amplia cabaña ganadera, que pastaba serena en sus praderas húmedas. Hoy ya no se pueden ver, porque, sencillamente, esas vacas desaparecieron. Fueron sacrificadas porque los propietarios de los prados tuvieron que abandonar sus explotaciones ganaderas por falta de rentabilidad y por aspirar a trabajos más cómodos y prestigiosos. Los unos reforestaron sus campos con eucaliptos, los otros los reservaron para disfrute de fin de semana, pero prácticamente todos dejaron de atender y cuidar aquellas vacas que dieron de comer a muchas generaciones de su familia.

Y, mientras ascendía por los caminos del monte Naranco hacia los famosos monumentos, no pude por menos que reflexionar de nuevo acerca de la profunda y hondísima crisis del agro español y europeo por motivos diversos, algunos de los cuales ya abordamos en anteriores artículos titulados «La venganza del campo», en los que postulaba que el campo comenzaba a vengarse, al modo bíblico, de una sociedad urbana que lo despreció durante décadas. ¿Y cómo se venga? Pues con escasez y con fuertes subidas de precios que no han hecho sino comenzar. Mientras que la sociedad no sea consciente de la absoluta prioridad de la producción agraria y mientras siga abducida por el pensamiento bambi de un campo sin tractores, granjas, regadíos ni invernaderos, la producción agraria seguirá retrayéndose y los precios, en consecuencia, seguirán ubiendo.

Si la agricultura en general ha sufrido el desprecio de una sociedad urbana acostumbrada por décadas a una alimentación abundante y extraordinariamente barata, un descrédito paralelo han sufrido las profesiones dedicadas al campo. Y como muestra, un botón. Si, a la pregunta clásica de «¿estudias o trabajas?», un primero responde «tengo una *startup* de *data analytics*» y un segundo «tengo una granja de cerdos», ¿quién tiene más posibilidades de triunfar? Pues eso, lo dicho. ¿Cómo atraer entonces talento joven a un sector que hemos desprestigiado entre todos? ¿Cómo conseguir relevo generacional en explotaciones que, a día de hoy, exigen un gran sacrificio sin verse recompensadas con la adecuada rentabilidad ni prestigio social?

Semanas después, mientras atravesaba en AVE los llanos manchegos camino de Murcia, volví a recordar el tema de los oficios agrarios. Los puestos de pastores, granjeros, tractoristas, cosecheros, entre otros, resultan muy difíciles de cubrir. Me dirigía hacia la capital murciana para pronunciar una conferencia acerca del futuro del agro, en un evento organizado por Bia3 Consultores al que asistirían representantes de empresas y cooperativas agrarias de la región. Fui invitado a raíz de la publicación en *The Objective* del mencionado artículo «La venganza del campo», lo que muestra la influencia que este medio posee a lo largo y ancho de nuestra querida España. Ante un público atento, expuse mis razones sobre el por qué y el cómo habíamos llegado hasta aquí y cuáles serían las dinámicas más probables de futuro. Pero no quiero incidir en ellas, sino centrarme en una de las intervenciones de un asistente, una vez concluida mi charla. Se presentó como consultor en selección de RR. HH. y comentó la dificultad creciente de encontrar talento para cubrir las distintas posiciones demandadas por las empresas agrarias, tanto de operarios de primera línea como de personal especializado en los diferentes departamentos. ¿Las causas? Hubo gran coincidencia en las opiniones, centrando el elemento diferencial en la falta de *glamour* del sector, nada atractivo para los jóvenes. No se trataba, pues, de cuestión salarial y de condiciones de trabajo, sino de puro *employer branding*, de prestigio del sector.

La situación solo podrá ser revertida cuando la sociedad valore, en su real importancia, a quienes producen los alimentos que precisa cada día para subsistir. A día de hoy, la sociedad occidental piensa que los alimentos surgen de la nada en los supermercados y, en su imaginario, desea un mundo rural de naturaleza virgen, paseo, Instagram y turismo rural, por lo que le molestan e irritan regadíos, trasvases, granjas y silos y, mediante normas y leyes, dificulta su actividad, cuando no la prohíbe directamente. Inevitablemente, ante este acoso —más allá de la subida de costos y estrechamiento de márgenes—, la producción agraria disminuirá, con los que sus precios subirán para consternación de una sociedad perpleja a la que se le desvanece el pensamiento mágico de alimentos baratos siempre disponibles para su consumo. Pues no. La venganza del campo, como tantas veces hemos repetido, ya está aquí, en forma de escasez y de subida de precios, y todo apunta a que se quedará entre nosotros durante un tiempo. ¿Hasta cuándo? Pues hasta que asumamos, Europa y España, que precisamos de una estrategia alimentaria, al igual que existe una energética, por poner un ejemplo. Si, Dios no lo quiera, algún día faltaran los alimentos o se encarecieran en demasía, todos los ojos se volverían hacia ganaderos y agricultores, los llamados a producir los alimentos

Ya de regreso a Córdoba, y desde la terraza del Balcón de Córdoba, la antigua casa del poeta Juan Bernier reconvertida en un coqueto hotel con patio enchinado, fuente y naranjos, disfruto de la vista espectacular de la Mezquita y recuerdo una noticia leída en la mañana. La provincia de Teruel se quedaba sin vacas lecheras, por el cierre de su última granja. La familia propietaria, tercera generación de ganaderos, ya no había podido soportar las pérdidas continuadas, que ni siquiera las recientes subidas de precios habían logrado menguar. Una más. Otra explotación ganadera, otra historia familiar más que desaparece, cebando el despoblamiento y retirando leche del mercado. Duele. Pero más dolerá a quienes persiguieron a las granjas cuando la leche se ponga por las nubes. ¿Quién recuperará entonces la actividad?

Tenemos que recuperar la cordura, dignificar la actividad de los productores de alimentos y establecer una estrategia alimentaria que incida en la producción, la seguridad, la garantía alimentaria y la rentabilidad de las explotaciones, sin renunciar por ello a valores de sostenibilidad, por supuesto. Merece la pena dedicar un tiempo a apoyar el cambio de paradigma. Por eso, el domingo pasado, viajé bien temprano hasta la localidad granadina de Cogollos Vega, donde la asociación Olivares Monumentales de Andalucía organizaba unas jornadas sobre patrimonio olivarero, cultura y gastronomía. De nuevo, el mismo clamor. El mundo rural se muere ante la indiferencia de todos. Ya de noche, de regreso a Córdoba, mientras escribo estas líneas, oigo de fondo el ruido de la televisión. Como cada día, escucho las quejas de los ciudadanos entrevistados ante la fortísima subida de los alimentos, que les dificulta llegar a final de mes. Sacudo la cabeza y vuelvo al artículo. No lo saben, pero la venganza de ese campo que tanto despreciaron ya está aquí… y nadie parece haberse enterado.

¿TENEMOS DERECHO A COMER ANIMALES?

The Objective, 18 de mayo de 2023

Sufrimos una sequía que, sin llegar todavía a los pavorosos niveles de la de 1993-96, ya comienza a diezmar cosechas, vaciar pantanos y causar restricciones en el abastecimiento de aguas. Si en otoño no lloviera, las consecuencias serían catastróficas para gran parte del país. Para las gentes del sur, al menos, la amenaza de la sequía siempre estuvo al acecho, dispuesta al zarpazo fatal. Recuerdo algunos años en lo que solo se disponía de una hora de agua corriente en Sevilla, que aprovechábamos para llenar cubos y bañeras para el consumo cotidiano. La sequía, la pertinaz sequía, que se decía. El agricultor siempre miró con angustia los prolongados cielos azules, rezando porque las borrascas cubrieran el cielo con esas benditas nubes preñadas de un agua que saciara la sed de sus campos.

Pero no llueve. Y la sequía era lo que le faltaba al campo, a la agricultura y a la ganadería. Después de décadas de abandono y de desprecio por parte de las sociedades urbanas —que son las que mandan— y de un *BOE* y un *Diario Oficial de la UE* siempre limitantes y restrictivos —empeñados, al parecer, en dificultar la actividad agraria—, llega la sequía con sonoridad de castigo bíblico. Llevábamos tiempo advirtiendo de la venganza del campo en forma de escasez alimentaria y subida de precios y, en efecto, la venganza ha llegado en forma de un encarecimiento que no menguará durante un tiempo. La sequía, que puede dar la puntilla a cosechas y rentas, no hará sino acelerar esta dolorosa y onerosa carestía. Ojalá llueva, ojalá.

Porque menos cosechas significa, como bien sabemos, encarecimiento cierto de los alimentos. Los precios agrarios se mantendrán altos durante estos próximos meses, sin que se les pueda achacar a agricultores ni a distribuidores la responsabilidad de esta alza que drena los bolsillos e impulsa la inflación. Pero, a buen seguro, serán muchas las voces que carguen contra el sector agrario, en vez de cuestionarse por qué cada año cuesta más producir y por qué cada año son más los agricultores y ganaderos que abandonan sus explotaciones y su modo de vida. El mundo rural parece molestar, con sus tractores, regadíos y granjas, al idealismo urbano actual, por lo que cargan contra ellos. Son muchas las causas y las producciones afectadas, pero en este artículo queremos centrarlas en un único sector, el cárnico y ganadero, que está siendo acosado gravemente, sin que exista una mejor alternativa, todavía, para la proteína animal que precisamos.

Desde hace mucho tiempo han existido los vegetarianos, personas que deciden libremente no comer carne ni sus derivados. Algunos, ni siquiera huevos, leche o productos lácteos. Nos parece perfecto. El vegetarianismo es una corriente muy digna y respetable. Si alguien no desea comer carne por cualquier razón, sea religiosa, sanitaria, dietética o ideológica, hace muy bien no comiéndola. Todos conocemos a personas vegetarianas que disfrutan de su alimentación y que son merecedoras del máximo respeto, respeto que, como es lógico, también hay que exigir para las personas que desean, por las causas que fuera, comer carne. Pero, desgraciadamente, en estos últimos años ha ido apareciendo un activismo que ataca, directamente, a granjas, mataderos o restaurantes especializados en productos cárnicos. Podríamos pensar que se trata de la opción de una minoría radical, a la que no se le debería prestar mayor atención. Quién sabe. Pero pensamos que no se trata de algo esporádico ni pasajero, sino que, en verdad, es la avanzadilla de una corriente de pensamiento, que aúna vegetarianismo y animalismo y que tratará de reducir, cuando no directamente de prohibir, el consumo de carne, lo que supondría mermar y encarecer nuestra calidad alimentaria, además de la desaparición de un sector que genera riqueza y empleo, del todo fundamental para el campo, las dehesas y el mundo rural. Y esta corriente avanza las opiniones, idearios y normas por venir. El animalismo crece en paralelo a la sensibilidad de la sociedad urbana. Ya vimos en directo a un ministro del Gobierno de España arremeter contra la carne, al punto de que el propio presidente Sánchez tuviera que salir a defender el chuletón, sin con ello lograr cerrar el debate latente en su gabinete... ni en la sociedad.

Las posturas contrarias al consumo de carne se sostienen en cuatro ejes argumentales. Primero, el de la salud. Al parecer, según su opinión y creencias, una dieta vegetariana sería más saludable que la que contiene carne o sus derivados. Segundo, el ambiental, ya que consideran que el metano emitido por los animales acelera el calentamiento global, al tiempo que los purines de las granjas contaminan acuíferos. En recientes entrevistas también hemos leído críticas al pastoreo extensivo o a la dehesa, pues consideran que esos terrenos ahora pastados deberían volver a su estado de monte original. El tercer eje argumental es de eficiencia alimentaria y de agua y energía. Producir un kilo de carne, afirman, consume más agua, cereales y energía que alimento neto aporta, por lo que se estarían derrochando hectáreas de cultivo y recursos, un balance negativo. Y como cuarto y más poderoso eje argumental, el moral. Los animales son seres sintientes, con derechos, que no podemos vulnerar y mucho menos con el sacrificio. Por tanto, comer carne está mal, es *pecado* pues supone el dolor y la muerte para un ser sintiente, que merece ser respetado.

Mucho habría que debatir sobre estas líneas argumentales, en las que no coincido, pero nos querríamos detener en la moral e ideológica, que es la que más poderosa influencia ejerce y ejercerá. Los derechos animales y el animalismo han llegado para quedarse, lo que es bienvenido siempre que se atengan a los límites que marca el derecho humano a la alimentación. Pero esto, que tan fácil parece de entender, chocará con la lógica y la sensibilidad urbana dominantes, al menos, en la sociedad occidental. En efecto, los únicos animales que ve y trata una inmensa parte de la sociedad son sus adorables mascotas, a las que se considera como a uno más de la familia. La «humanización» de los animales de compañía, en especial perros y gatos, es realmente llamativa y acelerada, como podemos observar en las sucesivas leyes que se van aprobando en Occidente. El otorgar derechos a los animales está bien, pero ¿tienen límites o, por el contrario, deben ser derechos similares a los humanos? Porque, si los humanizamos y no establecemos límites, pronto saldrá a colación el derecho básico de la vida. ¿Tenemos derecho los humanos a matar a un animal? Las leyes actuales ponen foco sobre todo en los animales de compañía, pero la analogía está fácil y servida. ¿Por qué no podemos matar a un loro pero sí a una gallina? ¿Por qué no a un hámster pero sí a un conejo? Estas preguntas —propias de sociedades de comida abundante y barata que olvidaron hace décadas lo que significa pasar hambre— condicionarán las leyes y el estado de opinión en un futuro en el que todo el sector ganadero y cárnico puede quedar gravemente afectado y nuestra alimentación modificada, empeorada y encarecida.

Volvamos a la pregunta básica. ¿Tenemos derecho los humanos a sacrificar a otros animales para alimentarnos? Desde luego, como parte de la naturaleza que somos, sí que lo tenemos, al igual que el león tiene derecho a comerse a la gacela. La pirámide alimenticia así lo exige. Fue precisamente el consumo de carne lo que nos humanizó en nuestro camino evolutivo, cuando, hará casi tres millones de años, pasamos de la dieta herbívora a una omnívora en la que la carne adquirió un alto protagonismo. Y hace unos doce mil años comenzamos a pastorear rebaños al convertirnos en ganaderos y agricultores, generando una profunda revolución económica, cultural, social y tecnológica, que bautizamos como Neolítico. El consumo de carne fue sinónimo de alimentación de calidad durante toda nuestra historia y solo muy recientemente ha comenzado a ser cuestionado.

La carne —argumentan los abolicionistas— puede ser sustituida por otros alimentos que aportan similar riqueza proteínica con un menor consumo de recursos. «Eso está por ver», respondemos lo que defendemos la libertad de elección de dietas vegetarianas u omnívoras. Debemos estar abiertos a la investigación de nuevas formas de tecnologías alimentarias, también para la obtención de sucedáneos cárnicos, cómo no, siempre que no supongan la prohibición del consumo de la carne tradicional, como algunos impulsores *foodtech* pretenden.

Las innovaciones alimenticias presentan diversas alternativas a las carnes tradicionales —vacuno, ovicáprido, cerdo, conejo, pollo—. La primera, el cultivo y consumo de insectos, ya incorporados a las dietas tradicionales de algunas culturas. La segunda, la carne vegetal, que aspira a imitar el sabor, la textura y las proteínas de la carne usando tan solo materia vegetal y algunos complementos. Tercero, carne «fabricada» a partir de células madre de carne en reactores biológicos que permiten la replicación y multiplicación celular de manera acelerada. De hecho, grandes fondos de inversión están invirtiendo cantidades ingentes en estas tecnologías alternativas. Pero, hasta la fecha, el resultado, sobre todo en las tecnologías de cultivo celular, es de muy pobre resultado, limitándose a un producto todavía con riesgos de salubridad y carísimo para el consumidor medio.

Tenemos que estar abiertos, repetimos, a las nuevas posibilidades de la ciencia. Todo lo que sea proporcionar comida de calidad y a un precio razonable a la población debe ser bienvenido. Pero debe primar el criterio técnico y agronómico y no el ideológico, como desgraciadamente parece que vamos a experimentar estos próximos años.

«Con las cosas de comer no se juega», decían los sabios antiguos. Pues con las cosas de comer estamos jugando, aprendices de brujo. Cualquier alternativa, a día de hoy, de la carne tradicional, si llega con ánimo excluyente, empobrecerá y encarecerá extraordinariamente las proteínas en nuestra dieta, además de generar una honda huella ambiental y energética.

Las normas restrictivas que padecemos encarecen los alimentos. Si las dinámicas sociales y políticas continúan en el mismo camino antiagrario y antiganadero que hemos sufrido estos últimos años, terminaremos pasando hambre. O, mejor dicho, solo podrán alimentarse adecuadamente las clases adineradas, porque alimento habrá, pero a precios desorbitados. La venganza del campo está aquí, y algunos insensatos siguen provocando su ira del mañana…

LA CRISIS ALIMENTARIA POR VENIR

The Objective, 3 de agosto de 2023

Seguimos sin darle importancia a la comida. Curioso y grave. La sociedad europea en su conjunto, y la española de manera destacada, continúa sin preocuparse por su seguridad alimentaria. Y cuando decimos «seguridad alimentaria» no nos referimos tan solo a cuestiones de calidad y salud, que también, sino que, sobre todo, lo hacemos en lo atinente a la cantidad, es decir, a algo tan básico y primario como el que se disponga suficiente comida para todos. Después de décadas de abundancia, de riquísima variedad y precios históricamente bajos, la población eliminó a la alimentación de su lista de preocupaciones. Creyó que los alimentos —sanos, variados, baratos— eran algo que surgía por arte de magia en los supermercados, sin que aparentemente nadie se preocupara por ellos. La figura del agricultor se devaluó socialmente ante una sociedad urbana que comenzó a considerarlos como simples parásitos, vividores de subvenciones y enemigos de ese medio ambiente que los urbanitas decían proteger. A tal punto llegó el desprecio por el campo que, durante un tiempo, se le quitó incluso el título de Agricultura al ministerio correspondiente, afortunadamente hoy repuesto, al menos.

Si a esta profunda y poderosa tendencia sociológica le unimos las novedosas dinámicas desglobalizadoras y las de riesgos geopolíticos y de seguridad, el resultado de la ecuación está servido. Habrá menos alimentos y mucho más caros. Quien tenga ojos, que vea; y el que avisa no es traidor. ¿Servirán de algo advertencias y avisos? Pues, visto lo visto, no. Hasta que no veamos las orejas al lobo, continuaremos dando suicidamente la espalda a un campo que agoniza ante nuestras narices a una velocidad de vértigo.

Ha bastado que los precios agrarios suban algo —todavía poco para lo por venir— para que elevemos nuestros gritos contra distribuidoras y agricultores, acusándolos de avaricia y desfachatez, jaleados incluso por la demagogia de más de un ministro. Ignorantes. Los precios suben por cuestiones de oferta y demanda y por desajustes en los mercados. Cuando estos funcionaron global y eficazmente, los precios tocaron mínimos históricos. Pero eso, desgraciadamente, ya forma parte de la historia. Los desajustes entre oferta y demanda han llegado para quedarse. ¿Cómo piensan que se consiguió mantener los precios agrarios históricamente bajos durante dos décadas? Más allá de cuestiones climáticas —en este periodo y a escala global ha habido buenos y malos años—, han sido las dinámicas de la globalización las que han permitido que la humanidad pudiera alimentarse con mayor abundancia y variedad de lo que hubiera disfrutado nunca en su largo periplo evolutivo. ¿Y por qué? Pues por varios motivos, íntimamente interrelacionados entre sí. Primero, por la especialización y las economías de escala. Cada zona geográfica se especializó en sus producciones agrícolas más competitivas, abaratando sensiblemente sus costos. Si a esto unimos un transporte muy eficiente e integrado, ninguna traba aduanera y gran seguridad en la navegación, ya tenemos el resultado: alimentación barata y abundante en cualquier parte del mundo y en cualquier época del año. Si a estas eficiencias globalizadoras unimos la optimización de las cadenas de distribución internas, fruto de concentraciones en grandes operadores con un fuerte poder de compra y un sistema logístico y comercial muy optimizado, los precios más económicos estaban servidos para una sociedad que los normalizó sin ser consciente de su anomalía histórica.

Quien quiera conocer lo que está por llegar debe leer el libro *El fin del mundo es solo el comienzo* (Almuzara, 2023), escrito por el influyente especialista en geoestrategia Peter Zeihan. En su obra mantiene una provocadora e inquietante tesis. Los buenos tiempos han pasado y nunca volveremos a vivir como lo hemos hecho estas últimas décadas, a pesar de sus crisis e incertidumbres. La globalización —por decisión norteamericana— ha terminado tal y como la conocimos. Eso significará encarecimiento generalizado de productos y alimentos, debido al neoproteccionismo aduanero y, sobre todo, por romperse las cadenas globales optimizadas, especializadas y de escala suficiente. Pero ¿por qué EE. UU. ha decidido finalizar con la globalización tal y como hasta ahora la conocimos y que ellos mismos crearon? Pues por dos razones fundamentales: la primera, porque, con estas reglas de juego, China ganaba; y la segunda, por agotamiento político interno. Los americanos parecen haber perdido el vigor y la convicción suficiente y necesaria para mantenerse como los *sheriffs* del planeta, estando crecientemente tentados de replegarse y dejar que cada uno se las arregle como pueda. Y esto, no lo dude, significará más conflictos y menos seguridad en los mares, lo que acarreará, a buen seguro, mayor coste de los fletes y falta de garantía de suministro. Por eso, Zeihan, entre otros pronósticos, anticipa fuerte subida de los precios agrarios y escasez en los países con menos capacidad productora, sobre todo los africanos y del sudeste asiático, donde el desaparecido fantasma de las hambrunas podría volver con su ancestral zarpazo de desolación, enfermedad y muerte.

Se anticipan, con alta probabilidad, crisis alimentarias, sin que el paraguas de la globalización pueda ya paliarlas ni arreglarlas. Y mientras el riesgo de carestía alimentaria asoma por el horizonte, nosotros seguimos a lo nuestro, limitando y castigando a la producción agraria. Como muestra, la nueva PAC, un enorme artefacto burocrático empeñado en políticas antiproductivistas. Pues así nos irá, acuérdese bien de estas palabras.

Ya hemos escrito en varios artículos que el campo se vengaría al modo bíblico —con escasez y subidas de precio— de la sociedad urbana que lo despreciaba y castigaba. No nos equivocábamos. Los precios agrarios ya han comenzado a subir y continuarán haciéndolo estos próximos años. Paradójicamente, la misma sociedad urbana que se queja de la carestía de la alimentación continúa criticando las inversiones agrarias en regadíos, trasvases, invernaderos o granjas. Queremos alimentos variados, saludables y baratos, pero no que nuestros agricultores los produzcan. Y, claro, así no hay manera. Por eso, preparémonos para lo peor. Solo despertaremos el día que los estantes de los supermercados aparezcan vacíos. O el día que tomar una ensalada de tomate sea tan solo un privilegio de ricos. El hambre es mala, muy mala. Y solo hay una manera de combatirla: con alimentos producidos por agricultores, ganaderos y pescadores, que no son el problema, sino parte indispensable de la solución.

Precisamos de una estrategia alimentaria, al igual que existe, por ejemplo, una estrategia energética, española y europea. Sorprendentemente, ni está ni se la espera. Nosotros insistiremos con la esperanza de que no sea la venganza del campo lo que despierte dolorosamente a una sociedad que aún desea alimentos sin agricultores, ni ganaderos, ni pescadores. Eso, amigos, no funciona. Y si no, al tiempo, que arrieritos somos...

LAS CARNES Y
LOS GANADEROS

The Objective, 31 de agosto de 2023

Somos una especie omnívora que precisa consumir proteínas para vivir. Desde nuestro origen, obtuvimos esas proteínas de diversas fuentes, tanto de origen vegetal como animal. Es cierto que existieron —y existen— personas vegetarianas que, por razones diversas, deciden libremente no consumir carne animal. Nos parece muy bien, como también nos lo parece que una mayoría de personas, libremente por igual, decida consumir carne y productos cárnicos, alimentos ricos y saludables. Ya escribimos que, como especie, tenemos derecho a comer animales, al igual que el león o el lobo lo hacen para sobrevivir. Nada malo hacemos cuando disfrutamos de un buen chuletón o cuando consumimos embutidos o pescado. Sin embargo, las

corrientes animalistas introducen criterios morales para convencernos de que comer carne es *pecado*, pues supone matar animales, seres con sentimientos y derechos. Y tan convencidos están de su buena nueva que, con el furor del converso, no solo debaten y predican —lo que es respetable—, sino que, directamente, los más radicales de ellos, señalan, insultan o atacan granjas, mataderos o restaurantes cárnicos, en actos de violencia totalitaria absolutamente rechazables y punibles. *Activistas*, los justifica la sociedad biempensante, que, en el fondo, comienza a dudar si posee el derecho de consumir esos animalitos tan simpáticos a los que los ganaderos sojuzgan, martirizan y matan, como tantas veces escuchan y les repiten. Se trata, a día de hoy, todavía, de un activismo minoritario, al que consentimos y reímos la gracias. Mañana serán leyes restrictivas o abolicionistas contra el sector cárnico si no sabemos articular un discurso riguroso y fundado en defensa de la actividad ganadera y del beneficio que genera a la población y al medio ambiente.

Porque la ganadería lleva tiempo, también, sufriendo ataques inmisericordes. La intensiva especialmente, pero la extensiva, ahora, también. Las granjas son presentadas como la quintaesencia del mal, mientras que, al parecer, las vacas que pastan libremente son dañinas para el clima por el metano emitido en sus ventosidades. Además, se las responsabiliza de mantener el ecosistema de dehesa, que debería desaparecer para regresar al bosque primigenio. Por último, se las acusa de consumir cantidades ingentes de cereales y oleaginosas, que podrían ir directamente a la alimentación humana. Verdades a medias que, como sabemos, son las mentiras más eficaces. Se podrían desmontar con datos, pero queremos, ahora, centrarnos en otras cuestiones aún más influyentes, como son las del relato y las de los valores.

Ya hemos abordado en artículos anteriores las profundas causas sociológicas por las que la sociedad actual desprecia y rechaza la actividad agraria, ganadera y pesquera. Primero, porque no valora su imprescindible función de proveedores de alimentos. Sin ellos, sencillamente, no comeríamos. Pero, acostumbrados a comida abundante en el supermercado —hasta ahora muy barata y, todavía a día de hoy, y pese a las subidas experimentadas, también barata en comparación con las alzas que vienen—, no valoran a las profesiones que lo hacen posible, que les resultan invisibles. Por otra parte, los nuevos —y positivos— valores de sostenibilidad o salud, que comulgan con la sociedad actual, son confrontados —equivocadamente— con la actividad agraria y ganadera, que es injustamente percibida como enemiga del medio ambiente.

Y en el discurso del rechazo a la carne estábamos —también por parte de instituciones internacionales— cuando se nos presenta la posible solución de la mano de los conceptos *foodtech*. Comamos proteínas animales, pero sin matar animales. Comamos carne, pero sin ganaderos, ni granjas, ni mataderos. ¿Cómo? Pues, nos dicen, por tres novedosas vías que la tecnología nos permite. La primera, con granjas de insectos. Segunda, con falsa carne de proteína vegetal. Tercera —y la más novedosa—, con carne cultivada en laboratorio.

En efecto, la carne de laboratorio, reproducida artificialmente a partir de células madre en avanzados reactores biológicos, llama a las puertas de Europa. Leemos en prensa que la empresa Aleph Farms ha solicitado en Suiza permiso para comercializarla. Si las autoridades suizas lo aprobaran, sería el cuarto país en hacerlo, tras EE. UU., Israel y Singapur. Países Bajos, por su parte, ha mostrado cierta apertura al autorizar su consumo de manera demostrativa en lugares muy restringidos. Italia, por el contrario, ha prohibido expresamente su producción, comercialización y uso. Grandes grupos financieros invierten en el sector de carne cultivada —también pescado— a través de un centenar de empresas, en más de veinte países. Miles de millones de dólares para producir carne sintética... y para convencernos de sus bondades, porque de comunicación y relato también va la cosa, y nosotros sin enterarnos.

Vayamos por partes. Lo hemos repetido. Damos la bienvenida a toda innovación que suponga mejoras para la alimentación humana. El campo, desde siempre, avanzó incorporando nuevas técnicas y tecnologías. Nos parece muy bien que se invierta e investigue en las diversas modalidades de producción de carne, también la de laboratorio, faltaría más. Los consumidores, el precio de venta, las garantías sanitarias y medioambientales y sus actitudes gastronómicas y de salud ya determinarán su éxito en el mercado. Hasta ahí, de acuerdo. Pero con dos matices muy importantes. Primero, que no supongan la persecución, castigo y prohibición de la ganadería e industria cárnica actuales. Segundo, que se les apliquen a esas nuevas instalaciones los mismos criterios de sostenibilidad, salud y demás valores exigidos hoy al sector ganadero. ¿Tiene sentido, por ejemplo, arremeter contra una granja de cerdos pero, por el contrario, bendecir y alabar una de insectos? ¿No consumen o impactan por igual? ¿No resulta paradójico protestar contra las granjas y, sin embargo, dar la bienvenida a las enormes y contaminantes industrias, todo química, depósitos y biorreactores, que fabrican *carne* sintética? ¿Acaso no son estas mucho más arriesgadas, peligrosas y contaminantes? ¿Por qué esta doble vara de medir? Pues porque no se trata de un criterio técnico, sino puramente ideológico. La justicia y el sentido común nos dictan que lo que es bueno o malo para unos debería serlo para los otros. Precisamos juicios científicos, técnicos, veterinarios, culinarios y médicos, no ideológicos ni de discurso. Y, por lo pronto, de principio, nos parece que un laboratorio biotecnológico resulta menos sostenible que los actuales modelos de ganadería tanto intensiva como extensiva. Pero no profundizaremos en esa cuestión técnica ya que en estas líneas nos interesan las razones ideológicas suscitadas.

Porque de ideología va la cosa. De ideología que dice lo que debemos comer o no, que nos dicta lo que es moralmente bueno o, por el contrario, moralmente perverso, independientemente de otras consideraciones. Se trata de imponer una nueva alimentación *moral* que, prescindiendo de criterios técnicos, científicos, sanitarios o ambientales, se agarre al juicio maniqueo de buenos y malos. No podemos caer en esa trampa. Comer insectos o carne de laboratorio es estupendo, si se hace en libertad. Saborear un buen solomillo, también; quizás mucho mejor, según mi modesta opinión, con todo respeto, eso sí, para los que piensen lo contrario. Y tendríamos que ver qué es más saludable para el consumidor, pero tampoco entraremos en ese debate, por ahora. Defendemos la libertad del consumidor, la de los ganaderos, la de los industriales y la de los laboratorios, cumpliendo todos ellos, por supuesto, idénticas normas sanitarias, medioambientales y de bienestar animal.

Pero no existe esa equidad de trato. Se busca maniqueamente el claroscuro de lo bueno y lo malo.

Vemos, una y otra vez, cómo sutilmente se introducen valores morales de acuerdo con el imaginario actual. Volvamos a Suiza. Los impulsores de la aprobación de la carne cultivada en laboratorio argumentan que los consumidores suizos estarían dispuestos a probarla «por curiosidad y por un deseo de alinearse con los principios de sostenibilidad y bienestar animal». En principio, nada que oponer. Pero, como gatos viejos que somos, sabemos el sutil juego de confrontación que encierra. La carne cultivada artificialmente sería sostenible, mientras que la procedente de la ganadería tradicional atentaría contra el medio ambiente, el clima y el bienestar animal. O sea, una visión moral de la alimentación, con el juego farisaico de buenos y malos, pensado para trasladar al consumidor un falso dilema: «¿Qué prefieres comer —parecen decirle—, carne sostenible o carne que no lo es?». También, ese dilema —falso e inducido, repetimos— es una invitación al legislador para que dicte leyes que impulsen el consumo de carne sostenible —esto es, sintética— y que penalice o, directamente, prohíba la natural, apuntada como insostenible. Un auténtico dislate, puro sofisma, pero sofisma inteligente, al fin y al cabo, que hace mella en la sociedad y en la política.

Anticipamos que el sector cárnico, para desgracia de todos, va a verse sometido a una presión y a un castigo brutales. ¿Por qué? Pues porque este tipo de discursos y consideraciones morales han calado en la sociedad. ¿Y quién los induce? Pues no tengamos duda al respecto. Aunque es cierto que existen tendencias y dinámicas naturales en la población, también lo es que grandes grupos y *lobbies* invierten dinero e inteligencia para «concienciar» a la sociedad contra la carne de origen animal y predisponerla a favor de la nueva carne sintética. Y, para desgracia de ganaderos, pescadores e industriales cárnicos, saben hacerlo muy bien. La ganadería tradicional se ha dedicado a cuidar su ganado, mientras que los grandes inversores han cuidado, también, y mucho, al mundo de las ideas y del activismo. No tenga ninguna duda de quién resultará vencedor de continuar la actual tendencia si no existe una respuesta intelectual, de ideas, de imaginario, de discurso y de relato, por parte de los ganaderos, que tendrán que salir de granjas, praderas, dehesas, establos, apriscos y zahúrdas para contar lo mucho que aportan a nuestra sociedad actual. Si no lo hacen, terminarán languideciendo en la melancolía del olvido y la ruina, ruina que desgraciadamente ya conocen, empobrecidos, abnegados, sacrificados, aplastados en burocracias ininteligibles y despreciados, encima, como sospechosos habituales. Cornudos y apaleados, que diría el clásico.

Beatriz Romanos, en su libro excelente *Foodtech* (LID, 2022), nos cuenta cómo los impulsores de las tecnologías alternativas de producción de carne sintética dicen, abierta y directamente, que quieren sacar a los animales de la ecuación alimentaria, esto es, que quieren eliminar la ganadería y la pesca —tanto extensiva como intensiva— para que sean sustituidas por la carne tecnológica, de cultivo en biorreactores, o por insectos, o por mezcla de proteínas vegetales. Más claro agua. ¿Y por qué ese interés en atacar al sector ganadero en vez de plantear una sana competencia y convivencia? Pues porque, por ahora, los resultados obtenidos por métodos sintéticos son pobres. La carne, carísima, posee limitaciones organolépticas y sanitarias frente a la tradicional, además de suscitar la precaución, cuando no el abierto rechazo, por parte del consumidor. Por eso, esperan obtener del juego moral de buenos y malos lo que el producto no les da ni el mercado les reconoce.

La agricultura siempre estuvo, y estará, abierta a las innovaciones tecnológicas; a las de los conceptos *foodtech*, también, por supuesto. De hecho, pueden suponer importantes mejoras en eficiencia alimentaria que siempre serán bienvenidas. Pero lo que resulta injusto, infundado y peligroso es su sonsonete moral, así como el empeño de muchos de sus impulsores en condenar las producciones tradicionales. Para nosotros, comer una hamburguesa *tech* está muy bien; comerla de carne natural, también. Lo *tech* mola; lo natural, mucho más.

Merece la pena tratar de responder las preguntas que Beatriz Romanos se hace en el libro *Foodtech* ya mencionado. Y reproducimos textualmente:

«¿Qué ha ocurrido para que los productos de base vegetal —*plant-based*— o falsas carnes desarrolladas a partir de proteínas vegetales y de carne cultivada —*cell-based*— hayan saltado a las páginas de los medios masivos? ¿Para que los fondos de inversión se hayan lanzado a la carrera en la búsqueda de proyectos que sumar a sus carteras multiplicando por diez las inversiones en tan solo cinco años? ¿Para que los incumbentes del sector, las grandes empresas de alimentación tradicional, hayan abrazado al "enemigo" y se hayan lanzado a crear sus propias gamas de carne sin cerdos, pescado sin peces y lácteos sin vacas? ¿Para que organizaciones como el Foro Económico Mundial (FEM) abracen estas técnicas sin ambages o líderes empresariales como Bill Gates incluso nos inviten a que sean nuestra principal fuente de proteína? En definitiva, ¿qué ha ocurrido para que la producción de proteínas se esté trasladando desde las granjas hasta los laboratorios y las fábricas?».

Pues ya sabemos la respuesta. Han sido las ideas y los valores inducidos. El discurso moral de que comer carne es pecado. La mentira mil veces repetida —que al final se convierte en verdad, como bien sabía Goebbels— de que la ganadería atenta contra el medio ambiente y el clima. O la de que los ganaderos maltratan a sus animales, en un momento de creciente sensibilidad animalista por una sociedad alejada por completo del campo.

La ganadería y los ganaderos son los primeros interesados es trabajar de manera sostenible y respetuosa con el medio ambiente y con el bienestar animal. Quieren ser vanguardia y no reacción. Pero necesitan que se les respete, se les valore y se les deje trabajar en paz y con rentabilidad. De continuar la persecución actual, la ganadería desaparecerá, una tragedia con un enorme coste alimentario, ambiental y económico. Al final, todos pagaríamos el desatino. ¿Cómo? Pues ya lo sabemos. Con una alimentación peor, menos sana, mucho más escasa y, además, cara, muy cara. Lo que desde tiempos bíblicos se llamó *la venganza del campo* y que ya nos golpea—y aún nos golpeará más—, por nuestra ignorancia, soberbia y desdén.

*   *   *

Epílogo

Cuando muere agosto finalizo este opúsculo, entre los alcornoques, brezos y madroños del Montseny, la verde montaña compartida entre las provincias de Barcelona y Gerona. Y lo hago al amanecer de un día de lluvia abundante y bendita, tras un verano seco y caluroso. Las nubes preñadas del agua redentora abrazan por completo su enorme mole granítica, coronada por los 1706 m de altitud del Turó de l'Home. Me gusta este lugar, un auténtico enclave natural delimitado por la concurrida A7. Arriba, en la montaña, muchas de las antiguas praderas y tierras de cultivo quedaron cubiertas por monte y olvido. Los pueblos asentados en sus valles, en especial los que se hallan junto al histórico camino real, como Sant Celoni, muestran una dinámica actividad industrial, con grandes plantas químicas y farmacéuticas asentadas sobre las llanas y, hasta hace pocas décadas, fértiles riberas del río Tordera. Comarcas prósperas, sin duda, la del Vallés Oriental y la de la Selva —que de esta manera tan hermosa, poética y acertada se llama la gerundense—, sobre las que cabalga el venerable Montseny.

En la vega del río Tordera aún persisten campos de cereales para henificar, testigos residuales de una agricultura que todavía se resiste a morir. Vemos, desde la carretera, las grandes pacas cilíndricas en el campo, perfiladas frente a las choperas de las lindes, a la espera de apilarse en el almiar. Pero son la excepción que confirma la regla. El universo cultural de los payeses ya murió. En la montaña, sus antiguas, elegantes y sobrias masías fueron reconvertidas, en alto grado, en segundas residencias, hoteles rurales o restaurantes. Con honrosas excepciones, repetimos, la agricultura y ganadería dejaron de existir en estas prósperas y hermosas comarcas.

Los habitantes de sus pueblos se dedican a la industria, a la tecnología, al comercio, a los servicios, al turismo, y hacen bien, faltaría más. Su mentalidad es ya netamente urbana, y su ancestral memoria rural, apenas un recuerdo vaporoso, desvaído y congelado en las fotos antiguas que cuelgan en museos etnográficos y de costumbres populares. Y esta escena del Montseny se replica en cientos, en miles de comarcas españolas y europeas, cada una con sus circunstancias y alternativas. El campo retrocede a ojos vistas; la tierra fértil de los valles se cubre de hormigón, industrias, centros comerciales, concesionarios, hospitales, paneles solares y centros deportivos. Está bien que todo evolucione, sin duda. Pero, al menos, alguien debería preguntarse: si la agricultura desaparece... ¿quién nos alimentará?

Las zonas de agricultura marginal también se abandonan. Los bajos precios condenan a la ruina a sus siembras y cosechas. Pero, dado que tenemos que comer, si en ellas no se siembra, en otras tierras más fértiles y propicias habrá que hacerlo con mayores y mejores rendimientos. Debemos mirar hacia adelante y buscar soluciones a los grandes retos alimentarios que por delante tenemos. Los tiempos actuales son, sin duda alguna, más prósperos que aquellos de la pobrísima agricultura de subsistencia que conocieron nuestros mayores y a la que no queremos ni podemos volver. No es cierto, ya lo dijimos en nuestra introducción, aquello de que cualquier tiempo pasado fuera mejor. Las sociedades evolucionan y la agricultura y los usos agrícolas, ganaderos y pesqueros deben hacerlo a su son, incorporando tecnología, valores y talento. Pero solo podrán conseguirlo si se les permite trabajar con suficiente dignidad y rentabilidad, valorados y reconocidos. Los profesionales del sector primario están dispuestos a continuar mejorando para tratar de alimentar, de manera variada, sana y a un coste asumible, a una población mundial todavía creciente. Como tantas veces hemos repetido, son parte de la solución, que no del problema.

Las ciudades han crecido y muchas zonas rurales se han reconvertido abandonando su pasado agrícola. La actual sociedad, todo tecnología, prisas y conexión, idealiza al campo como una zona de esparcimiento al servicio de sus gustos e ideales. Nunca conoció el hambre ni la falta de alimentos. ¿Para qué sirven, entonces —parece pensar—, los agricultores, ganaderos y pescadores si siempre encuentro lo que deseo en el súper de la esquina? Pues, o bien nuestro discurso sosegado y razonado le proporciona una sabia respuesta a esa pregunta, o bien serán los precios escandalosos los que, desgraciadamente, tengan que despertarla, trocando su sueño en pesadilla, su plácida ensoñación en la monstruosa realidad de una crisis alimentaria.

Pienso en ello mientras ascendemos, a través de un precioso y extenso hayedo, hasta el Matagalls, tercer pico más elevado del Montseny. Y, desde sus alturas, con domino de un amplio paisaje, sacudo la cabeza. Ojalá lográramos que imperase el sentido común. Somos muchos y precisamos comer todos los días. Pero, desgraciadamente, aún no aprecio ningún indicio positivo; nada parece cambiar. Me temo que la venganza del campo aún tendrá que castigarnos más para que seamos conscientes de la importancia del agro y de sus gentes, gentes admirables, héroes actuales, a las que, con corazón y razón, dedico este libro que aquí finaliza.

Porque los campos, pastos y mares merecen todo nuestro respeto. Sus gentes, también.

Manuel Pimentel Siles
Córdoba, Riells, Gualba, verano de 2023.

La primera edición de este libro se terminó de imprimir en otoño de 2023. En dicha estación del año 1848 se inauguró el primer ciclo lectivo de la Escuela de Veterinaria de Córdoba. Trece alumnos formalizaron su inscripción, acompañados por otros oyentes que asistían regularmente a las clases.